汇添富基金·世界资本经典译丛

经济增长向何处去

——世界有限 欲望无穷

丹尼尔·科恩（Daniel Cohen） 著

李 澜 译

上海财经大学出版社

图书在版编目(CIP)数据

经济增长向何处去:世界有限 欲望无穷/(美)丹尼尔·科恩(Daniel Cohen)著;李澜译. —上海:上海财经大学出版社,2019.5
(汇添富基金·世界资本经典译丛)
书名原文:LE MONDE EST CLOS ET LE DÉSIR INFINI
ISBN 978-7-5642-3119-4/F·3119

Ⅰ.①经… Ⅱ.①丹… ②李… Ⅲ.①世界经济-经济增长-研究 Ⅳ.①F113.4

中国版本图书馆 CIP 数据核字(2018)第 219050 号

图字:09-2018-749 号
LE MONDE EST CLOS ET LE DÉSIR INFINI
Daniel Cohen

□ 责任编辑 刘 兵
□ 封面设计 张克瑶

经济增长向何处去
——世界有限 欲望无穷
丹尼尔·科恩(Daniel Cohen) 著
李 澜 译

上海财经大学出版社出版发行
(上海市中山北一路 369 号 邮编 200083)
网 址:http://www.sufep.com
电子邮箱:webmaster @ sufep.com
全国新华书店经销
上海华教印务有限公司印刷装订
2019 年 5 月第 1 版 2019 年 5 月第 1 次印刷

787mm×1092mm 1/16 9 印张(插页:2) 104 千字
印数:0 001—3 000 定价:43.00 元

总 序

书犹药也，善读之可以医愚。投资行业从不乏聪敏之人，但是增智开慧乃至明心见性才是成长为优秀投资人的不二法门，读书无疑是学习提升的最佳方式。

常有人说投资是终身职业，但我认为投资更需要终身学习。很多人投资入门多年，依然不得其道；终日逡巡于“牛拉车不动，是打车还是打牛”的困境，不得要领。从业多年，我接触过太多这样的投资人士，个中缘由不尽相同，但有一点却非常普遍：或是长期疏于学习，或是踏入“学而不思则罔”的陷阱。

我认为，学习大致有三个层次，亦是三重境界：

第一重是增加知识，拓展基础的能力圈。着眼点是扩大个人对于客观世界的认知积累，这是大多数人的学习常态，这一重固然重要却不是学习的本质。

第二重是提高逻辑，改进个人的认知框架。达到这一境界，已经可以将刻板知识灵活运用，但仍然仅可解释过去却无法指向未来。

第三重是强化洞见，思考从个人出发，无视繁复的信息噪声干扰，穿透过去、现在和未来，最终开始正确地指导现实世界。在这一境界，学习已不只是追求知识，更是追求“知识的知识”。这是无数积累之后的茅塞顿开，更是质量互变之际的醍醐灌顶，不断思考感悟尤为重要。

书籍浩如烟海，书中智慧灿若繁星，而若能由自己抽丝剥茧得到“知识的知识”，将会终身受益。二十多年前，我还是一名上海财经大学的普通学生，对投资有着浓厚的兴趣，可惜国内的投资业刚刚起步，相关资料远没有今天互联网时代这样发达，此时财大的图书馆像是一个巨大的宝库，收藏着大量有关投资的英文原版书籍。我一头扎进了书丛，如饥似渴地阅读了许多经典，通过这一扇扇大门，我对西方资本市场发展窥斑见豹，其中提炼出的有关投资理念、流程、方法的内容潜移默化地影响并塑造了日后的我。时至今日，常有关心汇添富的朋友问起，为什么根植于国内市场的汇添富，投资原则和方法与外资机构如此类似？我想多少应该与我当年的这段经历有关。

今天，我依然非常感恩这段时光，也深深地明白：那些看过的书、走过的路对一个人的人生轨迹会产生多大的影响，特别是在以人才为核心的基金投资行业。今年恰逢中国基金行业二十周年，二十年斗转星移，正是各路英杰风雨兼程、夙兴夜寐才有了今天的局面，汇添富基金是见证者，也有幸参与其中。这些年，我总试图在汇添富重现当年我学生时的氛围，鼓励同事们有空多读书、读好书、好读书。在此，奉上“汇添富基金 · 世界资本经典译丛”以飨读者，希望大家能够如当年懵懂的我一般幸运：无论外界如何变化，我们都可以不断提升进化自己。

是以为序。

张　晖

汇添富基金管理股份有限公司总经理

2018 年 12 月

目 录

第二部分　未来，未来！

第三部分　进步的再思考

引　言

经济增长是现代社会的宗教信仰，是化解社会冲突的灵丹妙药，是兑现无限进步的承诺保证。人们的生活每日都上演着跌宕的剧情，经济增长自有解决妙法，让我们仍可幻想去赢得不曾拥有的东西。很可惜，当前的经济增长不过转瞬即逝、时隐时现，至少在西方国家即是如此。经济增长来了又去了，繁荣了又萧条、萧条了又繁荣，一个稳定、包容、持久增长的理想世界正在逐渐消失。

历史学家们用“欧洲良心”的危机来描述 17 世纪席卷欧洲的精神焦虑，当时伽利略(Galileo)和约翰尼斯·开普勒(Johannes Kepler)发现宇宙是空的，星星也不是众神居住的地方。我们的祖先于是问道，如若获得神圣救赎的许诺不再，生命是否还值得存活？这和我们正在经历的危机本质上没有区别。当增长消失，取得进步的理想便也荡然无存。所以，现如今，没有了物质进步的保证，我们的生活是否会变得残酷而悲惨?

英国经济学家约翰·梅纳德·凯恩斯(John Maynard Keynes)在20世纪30年代经济危机刚开始时,就曾针对当时存在的悲观情绪撰文提醒。尽管当时危机四伏,他传达的信息仍然充满着希望的意味。他在他那篇著名的《我们后代的经济前景》(*Economic Possibilities for Our Grandchildren*)中写到,异常繁荣的时期即将到来,世界的"经济问题"将很快得到解决——正如提供充足食物的问题已在20世纪得到解决一样。基于现有的工业发展模式,凯恩斯大胆宣布,到2030年人们将只需每天工作3小时,因此人们可以全身心投入到艺术、文化和形而上学等真正重要的事情中。很可惜,文化和形而上的问题并没有成为我们这个时代的关键议题。现在西方人的富有程度已是20世纪30年代的4倍,但追求物质财富仍然是我们的主要目标。必须说,智慧的凯恩斯虽然完美预测了繁荣的到来,却未能预见我们是怎样看待繁荣的。他和之前的很多人一样,并不了解人类欲望具有超强的可塑性,而无限的欲望终将通过消耗无数财富,找到自己的位置。

"伊斯特林悖论"(Easterlin Paradox)证明了凯恩斯的错误。在经济学家理查德·伊斯特林(Richard Easterlin)看来,财富与幸福并无太大关系。工资当然越高越好,可目标工资一旦达成却又显得不够了。于是,我们成为某种自己也没察觉到的习惯的牺牲品。此外,在设定目标时,我们并没有考虑自己的欲望多大程度是由他人的成就决定的。如果他人变得更加富有,我们便会要求自己拥有得更多。"一旦基本需求得到满足,有时甚至在还没满足之前,"哲学家勒内·吉拉尔(René Girard)写道,"人们就会感受到一种强烈的欲望,但又不知这欲望从何而来。因为他们所渴望的是'想要'的状态,似乎他们'想要的状态'被剥夺了,而他人却还拥有。"这就解释了为什么经济增长是我们整个社会运行的关键:它不仅仅是纯粹的财富,它还为我们每个人提供了希望,即我们能够获取远超现在的成绩,尽管这个梦想如此难以触及。

在整个历史进程中,进步的概念都遭到了严重的误解。这一概念在 18 世纪启蒙运动时期提出,被赋予道德价值,成为自主和自由的一部分,用来批判旧制度的等级秩序。19 世纪的欧洲工业革命将其转化为对物质进步的保证,但这么一来新建立的社会便彻底否定了启蒙时代的理想。工程师赶走了牧师,工业社会仍然像以前一样等级森严,家庭和工厂仍主要呈现出社会的垂直结构。到了 20 世纪,成为工业界标准的福特制和流水装配线仍保留了古老的金字塔式的组织结构。在私人领域,直到 1965 年,法国女人才能在没有丈夫许可的情况下开设银行账户。在法国大革命过去了两个世纪之后,一个女人在遇到和自己有关的大部分法律行为时,仍需要丈夫的监护。对于女人以及许多其他社会群体来说,自主和自由从诞生起就被宣判死亡。

直到过去的几十年,"旧制度(Ancien Regime)"的残余才最终消失不见。工人操纵的不再是(农业或工业上的)实物,而是信息流。根据社会学家朗奴·英高赫(Ronald Inglehart)的说法,创造力正在取代权力成为核心的价值,他认为,启蒙思想终于得到普及:自主(autonomy)和自我指导(self—direction)成为现代性的标准。很遗憾,事实却并没那么简单。新的数字经济正在建立一个极具破坏性的"零成本"生产模式,进而带来新的不安全形式;廉价的软件无论复杂程度如何,都能完成从下棋到发放现金再到股票交易的日常工作;来自与机器竞争的精神焦虑达到历史新高。正如经济学家大卫·布兰法罗(David Blanchflower)和安德鲁·奥斯瓦德(Andrew Oswald)指出的,近年来工作中的心理压力正日益加剧。借用精神分析学家皮埃尔·勒让德(Pierre Legendre)的话说,现代人的生活需要运用到各种“心理手段”。创造力一旦成为一种商业必需品,便会失去很多道德意义。

英高赫犯了和凯恩斯一样的错误,他认为,一个摆脱了偶然需求的后物质主义世界即将到来。正如伊斯特林悖论解释的那样,经济增长的需求始终存在。但是,数字社会本身也存在一个悖论:它的技术前景从未如此被看好,但增长前景却从未如此的令人失望。也就是说,我们正在经历一场没有增长的工业革命:80%的美国人的购买力在过去 30 年没有增长,法国人均购买力年增长率在 20 世纪 70 年代为 3%,之后几十年逐步下降至 2%、1%,过去 5 年来几乎是零增长。我们又回到了那个关键问题:对于更广泛的人口而言,经济增长是否还会恢复,如果不恢复我们该怎么办?

对于这一点,经济学家们产生了很大的分歧。以罗伯特·戈登(Robert Gordon)为首的悲观主义者认为,经济增长的潜力远低于上个世纪。他在《美国增长的起落》(*The Rise and Fall of American Growth*)一书中解释说,新的工业革命让我们拥有了智能手机,但这根本无法与 20 世纪的电力、汽车、飞机、电影、电视、抗生素等巨大进步相提并论。另一方面,乐观主义者埃里克·布林约尔松(Erik Brynjolfsson)和安德鲁·麦卡菲(Andrew McAfee)在《第二次机器革命》(*The Second Machine Age*)一书中告诉我们,根据摩尔定律,“几乎一切都可以被数字化。”目前,汽车可以无人驾驶,日本老年人可以由机器人照料,又一波增长似乎就要到来。

仔细想想我们便会发现,这一分歧与其说源自人们是否相信技术,不如说源自新型增长模式是否具有包容性。这些新技术是否只是让工人们在经济增长的最前沿苦苦挣扎？我们有必要将其与20世纪的情况做一个比较。当时(占1900年劳动力40%的)美国农民搬到了城市，化身为制造业高生产力的工人，之后经济增长迅速翻番。然而，美国中产阶级的购买力在过去的30年却增长甚微，这反映了一个重大变化：工人们已离开高效率的工厂，但他们在新工作中的生产力却又毫无起色。这也正是经济增长逐渐消失(经济学家称之为鲍莫尔病)的原因。

如果20世纪我们经历的经济增长不再出现，我们该如何应对呢——假设它真的发生的话？如果我们不能满足人们提高生活水平的愿望，又该如何激励他们呢？这让我们想起了亨利·福特(Henry Ford)，他曾通过实施双薪的重大举措，减少了旷工，重振了员工的工作意愿。发展中的经济体制可以通过涨工资来奖励勤奋的员工，现在各个公司的确会择优为工人颁发奖金，但是“胡萝卜”政策也往往伴随着一根“大棒”——如果目标达不到就要裁员。

不是努力工作然后加薪，而是努力工作不然下岗——这种压力管理的方法是造成现代社会痛苦的主要原因，且结果往往适得其反，工人不开心就会变得低产、不合作、没有创造力。难道就没有更好的做法吗？丹麦经济模式在欧洲引发了热烈讨论，这一模式证明，除了让工人担忧，确实还有其他的激励方法。丹麦充分的工作安全保障网能够保护下岗工人并提供工作再培训，它促进了工作场所的流动性，减轻了工人对失业的担忧。丹麦在“欧洲国家工作质量”的排名中位列第一，也难怪在2013年它被评为世界上最幸福的国家。

认为西方社会的弊病都源于个人购买力停滞，是很荒谬的想法。但如果忽视现有的问题、骗自己像第二次世界大战后那样的增长恢复一定还会出现,我们同样无法了解经济弱增长会导致社会不幸福的原因。我们必须设想这样一个世界:一个人生活的幸福感和满足感并不在于对赚更多钱的期待。这就需要我们了解历史上人类的欲望是如何实现的,现代经济增长在追求幸福的过程中扮演着什么样的角色,以及我们该如何重塑远远超出物质利益的进步的观念。当然,这将会是一场漫长的旅程。

第一部分

增长之源

第一章　人类物种

经济增长是人类固有的吗？这个问题乍一听有点疯狂，因为增长通常被认为是两个世纪前才出现的新现象。从史前到18世纪的工业革命之前，人类的收入一直停留在贫困水平(大约每天一美元)，人均收入的持续增长可谓现代世界的一大创举。然而，如果我们不设定时间限制，细数一下千年来而不只是近几个世纪又或近几十年来的技术进步和组织进步，创新和人口的增长其实早在更久远的历史中就已出现，或许可以大胆地说，它就是人类历史的一部分。

有两次大爆炸改变了人类的生存轨迹，当然它们不过是人类历史中的眨眼一瞬间。

第一次是农业的创造。它引发了人口爆炸，势头甚至持续至今，人类人口从一万年前的500万增长到公元后的2亿，到2050年可能达到

100亿，而后稳定下来；农业还带来了文字、金钱、冶金、出版印刷、指南针和火药的发明。

第二次是17世纪的科学革命。它给人类知识注入了新动力，增长也是指数级的，例子成千上万，这里只举一个最近的：根据经济学家威廉·诺德豪斯(William Nordhaus)的最初估计，在过去50年中，制定一套标准化计算方式的成本下降了十亿多倍。

而现在，我们正在见证第三次大爆炸的到来。上述两股力量开始相互呼应，彼此吸取能量。诺贝尔化学奖获得者保罗·克鲁岑(Paul Crutzen)将我们的时代描述为"人类世"(Anthropocene)，这标志着世界正在从自然主导向人类主导转型，一项统计很好地总结了此词的意义：在农业发展时代，人类、畜群和其他家畜的数目占地球上所有哺乳动物数目的0.1%不到，现在，它们占到了90%以上。

人类正面临着的巨大挑战，将要生活在被自己过度开发的有限世界之中，因此我们必须共同对自己行为的后果做一番思考了。可时至今日，我们还未曾为此做出努力；我们在历史的演变中大刀阔斧，而对历史演变的真正意义却只会事后诸葛亮。要重新控制未来，就必须回溯这段历史。按照人们当下对增长的理解，最早的经济增长是如何以及为何出现的？它最初出现在西方而不是中国或其他地方，有什么特别的原因吗？这应该被看作一个哲学、政治和道德优越的持久标志，还是一个早已逝去的阶段？这些都是了解人类增长成瘾的源头以及应对之法的决定性问题。

智　人

第一批原始人出现在距今 6 000 万～800 万年，他们根本预测不到，有一天人类会统治这个星球。蚂蚁和白蚁花了大约一亿年才掌控了地下世界，给了其他物种充分的时间适应；而人类以更快的速度占领了地球，且又似乎一心要以惊天动地的方式摧毁它。

最古老的类人猿化石可追溯到 700 万年前：它们是图迈（Toumai）的化石，图迈是一种乍得人猿（Sahelanthropus tchadensis），他们的大脑能力相当于当今的黑猩猩。接下来是阿法南猿（Australopithecus afarensis）"露西"（英文名为"Lucy"，于 1974 年由法国古生物学家伊夫·科庞发现，名字取自披头士乐队的一首歌）。之后是分离出来的一支：能人（Homo habilis），他们出现于 250 万年前，于 70 年后消失。由于气候越来越干燥，大草原取代了能人居住的森林（这个族群长臂的特征表明他们经常呆在树上）。再往后是直立人（Homo erectus），同时还有他们的同属表亲——匠人（Homo ergaster），这标志着人类的大脑开始发生巨大变化。哲学家弗朗西斯·沃尔夫（Francis Wolff）似乎觉得人类祖先有这么多种群十分有趣："甚至不久前，我们仍在寻找人类和猿类的共同祖先，但这个问题正逐渐失去意义。弗洛里斯人（Flores man）又或神秘的丹尼索瓦人（Denisovans），以及那些终有一天会被发现的人类化石，哪些会对人类产生新的冲击呢？"[1]无论如何，抽象思维、依照句法的语言、长期记忆，以及构建假设情景、在小组内合作、预测敌人

〔1〕《今天人类的问题》（*La question de l'homme aujourdhui*），《争鸣》（*Le Débat*）杂志，2014 年 5 月—8 月。

意图的能力，都构成了人类大脑的各种强大功能。[1]

进化人类学专家迈克尔・托马塞洛(Michael Tomasello)认为，人类的优越性在于——与他人合作实现共同目标的能力。正如爱德华・威尔逊(Edward O. Wilson)所说："我们已经成为心智解读的专家，成为文化发明的世界冠军。"[2]狩猎采集社会的人和华尔街交易员一有机会都会找彼此闲聊讨论。表面上看，人类的群居特性与昆虫十分相似。昆虫会为了物种繁殖进行精致的工作分工。但蜜蜂之间的合作最初并不是真正的"合作"，因为蜂后独自控制着基因遗传的繁衍。她可以飞到很远的地方，断绝与原先蜂群的联系来组建自己的蜂群。而人类拥有着更加微妙灵活的可自行支配的资源：有了利他主义、统治、互惠、背叛和欺骗的组合，人类就能够在社会生活的大舞台上完成自己的命运。

动物的大多数想法都会随着他们的死亡而消失。雌性黑猩猩教小猩猩砸开坚果，教他们剥去植物茎上的叶子来捕捉白蚁。但是人类语言的复杂性远远超过其他动物，语言让我们学会集体学习。我们与黑猩猩有 98.4%的 DNA 是一样的。作为个体，我们并不比我们的猿类亲属聪明多少；然而，作为一个物种，我们要优秀得多。我们不应该将人脑与黑猩猩的大脑相比较；在某种意义上，应当比较评价的是所有人类的智力总和同所有黑猩猩的智力总和。

在整个历史长河中，人类发明了各式积累传播知识的技术，大大提

---

〔1〕 能人(Homo habilis)是最早脑容量超过 1 000cm^3 的原始人，图迈人的脑容量为 360cm^3，我们现代人的为 1 350cm^3。

〔2〕 爱德华・威尔逊，《社会性征服地球》(*The Social Conquest of Earth*)，纽约：利夫莱特出版社，2012 年，第 226 页；另见迈克尔・托马塞洛，《人类认知的文化起源》(*The Cultural Origins of Human Cognition*)，马萨诸塞州剑桥：哈佛大学出版社，1999 年。

高了自身的技术实力和社会力量。文字、货币及之后出现的印刷出版、电话和互联网等技术，让我们能够创造出其他物种所没有的集体智慧。

大脑具有高度的智能，甚至可以说就像一台电脑，但同时也如痴情少年一般情绪化。既自私又利他，既理性又感性——人类物种是如何调和这些相互矛盾的特质的呢？根据威尔逊《社会性征服地球》中提及的研究，这些倾向是由两个生物特征造成的：人类的（大）体型和（有限的）流动性。的确，人类的体型相对于恐龙来说小很多，但却比昆虫大很多，昆虫可没办法控制大火或物料。另一方面，昆虫可以很快地移动到很远的地方，从而避免与其他群体接触；而人的流动程度低，无论处于和平还是冲突，必须与其他人一起生活。尽管人类无法像羚羊、斑马或鸵鸟等猎物一样跑得那么快，但他们可以长距离追赶猎物，他们还学会使用（石头、长矛或箭头等）抛射武器来狩猎动物，学会用火烤肉。

文化的创造

成为部落一员和为保护本部落抵御外敌属于人性的基本特征。自私基因等理论颇受欢迎，因为它们论证了利他主义和个人主义可以并存，而且不仅仅是人类，在许多物种中都如此。雄性螳螂就是一个典型的例子，它们允许雌螳螂将自己吞噬，以确保本物种的繁殖。但人类部落制的基础要比基因的机械再生复杂得多，对大学生进行的心理学实验表明，人类可以如此快速又如此任意地组成一个群体：一组具有不同遗传基因的陌生人，有的拿到红牌，有的拿到蓝牌，拿到不同颜色的人却可以团结在一起。各个群体之间的界限是具有延展性的：家庭、联盟、行会为每个人在这个混乱的世界中的提供了一个家。

克洛德·列维一斯特劳斯(Claude Lévi-Strauss)在《亲属关系的基本结构》(*The Elementary Structures of Kinship*)中解释说,人类是唯一做到自我适应的物种,在他看来,人类提出禁止近亲结婚的那一刻便预示着文化的重要性超过了自然:人类宗族可以通过交换女儿达成和平共处。能够完全不以生物学为基础做出禁止和分类是人类的常见特征之一。根据列维一施特劳斯的说法,在一些社会,一个女孩(有时候必须)嫁给她舅舅的儿子,而不是她叔叔的儿子,即使从遗传学的角度看两者并没有区别,其区别完全是文化上的。因此,文化的基础就是:文化制定了社会生活方式的规则,不论这些规则从遗传学的角度看有多么随意。

但是,如果把文化仅仅定义为组织群体生活的一些规则,它就不是人类独有的。雌性黑猩猩会加入相邻群落,而群居雄性黑猩猩则必须保证在原来群落中的地位;非洲狼和野狗有精细的社会组织,猎食者把食物带回给雌性首领和新生幼崽;黑猩猩和倭黑猩猩成群狩猎;倭黑猩猩会进行大量非生殖需要的性行为,帮助这一情绪化的物种缓解压力;恒河猴也具有同感能力;年轻黑猩猩"流氓团伙"针对同龄黑猩猩的暴力行为与年轻人类的暴力行为非常相似。

要想生存,所有物种都需要群落合作来对抗捕食者;相反在群落内部,雄性间争夺雌性的竞争正印证了"人人为己"的基本原则。这两个特征并不总是彼此相容:自然的选择不一定都是好的。一只瞪羚必须比其他羚羊跑得更快才能逃脱捕食者,总的来说这对整个物种是一件好事。相反,正如达尔文对孔雀的分析,雄孔雀色彩艳丽的羽毛可以用来吸引雌性,但也成了遇捕食者逃跑时的障碍;雄鹿的鹿角让他们得以击败对手,但代价是迁移流动性降低,于是成了一个不利条件。作为一个个体，雄性希望吸引雌性是合乎逻辑的，但有时会对该物种造成不利影响。[1]

人类是什么？

现在，让我们回到"人类与其他物种有什么区别"这一关键问题。弗洛伊德这样说过："为什么我们那些亲缘动物没有表现出这样的文化挣扎呢？"[2]他所说的"这样的文化挣扎"是指不满、焦虑，以及生存的折磨。皮埃尔·勒让德写道，在所有动物中只有人类会"提出有关他们的存在，即他们活着这一事实的问题"[3]。索福克勒斯(Sophocles)在悲剧《俄狄浦斯在科罗诺斯》中说，一个人最好是不要出生。所有文化都是由这些人类最经典的问题推动的：我是谁？生命的目的何在？

对人类最简单的描述就是，他们是一种说话的动物，不断寻找着聆听、回应并承认他们的人。正如皮埃尔·勒让德所说，人类的"革命"是对合法性的要求。对我们来说背叛从来都不容易，即使是环境使然。在荣誉、美德、义务和与之对立的自私、懦弱、虚伪之间，永远存在着冲突，包括艺术在内的文化不仅体现了这种存在于整个人类历史的冲突，而且推动了这一问题的最终解决。

"我们是唯一一类不仅像其他动物一样在社会中生活，还能为了继续生活创造出新的社会存在形式和文化形式的物种。始终在创造，但

---

〔1〕 罗伯特·弗兰克，《达尔文经济学》(*The Darwin Economy*)，新泽西普林斯顿：普林斯顿大学出版社，2011年。

〔2〕 西格蒙德·弗洛伊德，《文明及其不满》(*Civilization and Its Discontents*)，詹姆斯·斯特雷奇译，纽约：诺顿出版社(W. W. Norton)，1961年，第7章，第70页。

〔3〕 皮埃尔·勒让德，《西方人没有看到的西方：日本会议》(*Ce que l'Occident ne voit pas de l'Occident: Conférences au Japon*)，巴黎：一千零一夜(Mille et une nuits)出版社，2004年。

又不单单是对社会的反复创造，这是人类所特有的。”莫里斯·古德利尔(Maurice Godelier)在一本关于列维－斯特劳斯的书的最后给出了这样的答案。[1] 动物的社交活动却没有得到进化，或者很少进化——年轻猿类没有足球比赛，也没有暴力视频或网络色情。在文明的进程中，我们人类可以轻而易举地修改规则——我们改变了亲属关系的模式，改变了生育率，甚至(有时)能够控制我们自身的暴力。然而，法国哲学家乔治·巴塔耶[2](Georges Bataille)指出了另一个问题，每一个文明都有一种倾向，即规则一旦制定就不可侵犯，人类宁可一直奉行下去，直到潜能耗尽，也不愿做出改变。

[1] 莫里斯·古德利尔，《列维－斯特劳斯》(*Lévi-Strauss*)巴黎：瑟伊(Seuil)出版社，2013年。

[2] 乔治·巴塔耶，《被诅咒的部分》(*La part maudite*)，巴黎：午夜(Minuit)出版社，1949年，2014再版。

第二章　出埃及记

大约 10 万年前,热带非洲经历了一场极度的干旱。[1] 那时,处于发展初期的人类几近灭绝,数量下降到数十万甚或更少的只有数千。随着大干旱结束,热带森林和热带草原逐渐恢复繁茂,更适宜的气候条件带来了人类数量的增加,他们一路走到了尼罗河和西奈半岛。穿过尼罗河流域和黎凡特[2]后,智人于大约公元前 4 万年抵达欧洲,占领了大片领土。一个类似物种尼安德特人(Neanderthal)已在这里居住了约 20 万年。[3]

智人到来不久,尼安德特人就消失了,毫无疑问这是因为新来者在

〔1〕 由于其他行星的引力,地球的太阳轨道并不是正圆。这就解释了为什么会出现冰河时代:自地球形成以来已经有 40～50 次了,包括 19 万年前的一次和 5 万年前的一次。

〔2〕 地中海东部地区,包括希腊、埃及以东诸国及岛屿。——译者注

〔3〕 五万到六万年前,早在智人到达欧洲之前,就有人类迁徙到印度和东南亚了。

他们的生态系统中留下了印记。[1] 如果用 DNA 来判断,尼安德特人是可以说话的,他们会进行“大猎物”狩猎,照顾伤者、埋葬死者。至于他们与智人的差异,一个假设是,尼安德特人的说话能力相对差一些,这可能是他们喉部位置不佳造成的[2]——尽管他们拥有负责语言的 FOXP2 基因。

农业的创造

接下来发生了一场剧变:一万年前人类创造了农业(之后在八个不同的地方出现),这就让人类与自然的关系发生了翻天覆地的变化。气候的改变再次发挥了作用——(公元前 9600 年左右的)气候变暖可能就是农业出现的原因。300 年后,人们在约旦河流域种植了大麦和小麦,谷物的消耗明显大于野生谷物的量。正如斯坦福大学教授伊恩·莫里斯(Ian Morris)所言,在“不到 1 000 年的时间”内,农业成了扁豆的科学,出现了鹰嘴豆的菜肴。[3] 人类学会缝制服装,动物的使用效率也更高,人们不再为取食肉类而直接把动物杀掉,他们会养殖动物来获取羊毛和牛奶,或是用动物拉车。农业的创造引发了人口爆炸,且持续至今。同时,它还阻止了生物多样性的发展,因为其他物种无法在这么短的时间内适应人类的进化。公元前 1 万年到公元前 7000 年,石器

---

〔1〕 在西伯利亚南部,智人无疑导致了近似物种丹尼索瓦人的灭绝。弗朗西斯·沃尔夫一直在关注这一物种。

〔2〕 尼安德特人是典型的肉食者。他们的大脑比我们的大(1 520cm^3,我们是 1 350cm^3)。智人与尼安德特人的基因有 1%～4%是相同的,因此两物种之间会发生性行为。

〔3〕 伊恩·莫里斯,《西方将主宰多久:东方为什么会落后,西方为什么能崛起》,新泽西州普林斯顿:普林斯顿大学出版社,2010 年。

的使用和制造越来越多，农民发明了陶器、第一台织机以及建筑。[1] 这是人类“短暂”历史的开端。从那时起，让人类发生生物学改变的“漫长”时间所发挥的作用就微乎其微了——基因突变很少发生，出现了用于消化乳制品的乳糖酶也都是微小变化。贾雷德·戴蒙德(Jared Diamond)曾提到他的一个原住民朋友，这位朋友出生在一个由石器时代直接发展而来的村庄，但这个村落毫无障碍地先后融入了人类的有文字社会和数字社会。“换句话说，”戴蒙德总结道，“人类要学会阅读和开飞机并不需要改变基因，这是一个好消息。”[2]

一些理论解释了农业扩张背后的原因。首先，因为农业更高效，狩猎采集社会自发地采用了农业生产。先进的技术取代了更初级的技术。另一种解释则推断了一连串更具破坏力的事件。随着营养改善，农民人数迅速增长，这就给人口不那么密集的社会带来人口压力，于是，农民将他们纷纷淘汰，就像智人淘汰了尼安德特人。毛利(Māori)农民因此消灭了他们的邻居——以狩猎采集为生的莫里奥里人(Moriori，居于现新西兰某地区)。物种灭绝也可能是间接发生的。农民摧毁了狩猎采集社会曾经赖以生活的生态系统：野生动物逃走了，野生植物也遍寻不到。就西方世界而言，当时每4个欧洲人就有1个是外来人口，而另外3个还是改变了生活方式的当地人。这一点在科学界已

---

〔1〕五万年前，智人不断重复着一种艺术形式。然后突然间，大量的艺术形式出现。“公元前5万年到公元前2.5万年间，在埃及尼罗河流域，人们使用的石器至少有六种不同风格……人类创造了风格。”伊恩·莫里斯在《西方将主宰多久：东方为什么会落后，西方为什么能崛起》中写到(第61页)。这本书很棒，我会在下文借用此书的很多观点。

〔2〕与贾雷德·戴蒙德的法语采访，“Inspirons-nous des papous pour mieux vivre dans notre monde modern”(鼓舞我们巴布亚人在现代世界中更好地生活)，*Les Echos.fr*，2014年5月28日，http://www.lesechos.fr/28/05/2014/lesechos.fr/0203141236721_jared-diamond—inspirons-nous-des-papous-pour-mieux-vivre-dans-notre-monde-moderne-.html。

达成共识。然而,1/4 的外来人口还是肥沃月湾(Fertile Crescent)[1]的战争首领,他们征服了另外 3/4 的人口。无论是通过强制还是说服,技术达尔文主义在各种场合都发挥着作用——最强大的技术会按照自己的方式控制一切。

等级制度的创造

狩猎采集社会和最早的农耕村落都崇尚平等。首领的地位不会世袭给后代。节日和宗教仪式的重大决定也都是集体通过的。人类学家皮埃尔·克拉斯特(Pierre Clastres)在他的著作《反抗国家的社会》[2]中描述了亚马逊热带雨林的瓜亚奇人(Guayaki)是如何严格约束首领权力的。首领被赋予优先发言和优先死亡的权力,但绝没有决定权。

随着农业劳动力的出现,社会发生了“重大转型”。社会的等级愈加分明:首领们有了身份,且可以世代相传,他们靠其他人的生活盈余供养。社会在士兵、文员、祭司、农民等不同的特定群体中完成自我组织。美国社会学家赫伯特·西蒙(Herbert Simon)解释说,等级社会只需以相同的方式重复某一结构,就能创造出高度的复杂性。[3] 1 个国王拥有 10 个王子,1 个王子管理 10 个男爵,1 个男爵负责 10 名骑士,1 名骑士监督 10 个佃农,而 1 个佃农下面有又 10 个农民,这些农民每人又有 10 个孩子。于是,一个国王就通过 6 个等级控制了 100 万人。最

---

[1] 指中东两河流域及附近一连串肥沃的土地,包括累范特、美索不达米亚和古埃及。——译者注

[2] 皮埃尔·克拉斯特,《反抗国家的社会》(*La société contre l'État*),巴黎:午夜出版社,1974 年。

[3] 例如,参见赫伯特·西蒙“组织与市场”(“Organisations and Markets”)一文,具体见《经济展望杂志》(*Journal of Economic Perspectives*)第 5 卷,第 2 期(1991):25—44。

终，在这样一个模式中，上层和中层的10万人控制了100多万底层的农民和奴隶。

性别之间的等级也得到了发展：男性狩猎者和女性采集者之间的原始分工在过渡到农业生产后变得更加明显。土地充足时，男人和女人开垦土地的方式还很平等。但随着人口压力增加，野外工作的强度变得更大，女性虽与一般男性体力相当，但实际上她们的劳动更加艰巨。伊恩·莫里斯描绘了阿布胡赖拉丘(Tell Abu Hureyra)162名居民的骨骼，这个位于美索不达米亚的村落在农业出现前就已经存在了。女性和男性脊柱顶部的椎骨都发生过碎裂，这表明他们都扛举过重物，但只有女性的脚部患有关节炎，这是因为她们在缝制衣物的同时还要研磨谷物。因此，农业让分工有了新的安排：男人完成户外劳作，女性完成室内劳作。狩猎采集社会有利于女性发挥一系列角色，而出现在各地的农业社会则降低了女性的价值，她们的作用局限在繁殖后代上。

帝国的诞生

"西方"是农业革命的发源地，其优势持续了大约1 500年。这里的"西方"是指最早肥沃月湾所在的地区。农业革命始于公元前9000年，并先后于前8000年、前7000年、前6000年、前5000年和前4000年传播到土耳其、希腊、意大利、中欧和法国——每跨过一个国度都经历了1 000年的时间。美索不达米亚、底格里斯河和幼发拉底河之间的肥沃月湾有着独特的命运。这里是现今伊拉克的所在地，气候炎热而潮湿，印度洋的季风带来了雨水，但也只有少量，从雨水灌溉到河流灌溉经过了二十多代人的时间。公元前3800年左右，(新的)气候变冷降低了季风的强度，美索不达米亚因此面临着被毁灭的风险，最终通过社会经济组织的改善，风险得以解除，一个更为复杂的灌溉系统让在季风雨季结束前完成储水成为可能。

戈登·柴尔德(Gordon Childe)用“城市革命”(urban revolution)一词来描述约公元前4000年美索不达米亚的这一次转变。乌鲁克(Uruk)是一个大都会，可谓那个时代的雅典，它不仅是一个城市，还是一个有能力征税和动员力量实施权力的国家。最早的有文字的泥板就出现在这个时期。让我们再来回顾一下伊恩·莫里斯的那部经典之作[1]，它讲述了乌鲁克是如何成为同叙利亚、尼罗河流域以及最远到达伊朗高原地区形成的贸易网络的中心的：乌鲁克人通过密集的运河网络控制了一个个相互连接的腹地村庄，把粮食和人运送到城市。这被称为“乌鲁克世界体系”。

同样的故事也发生在埃及。公元前3800年季风骤减，给埃及带来同样的挑战。为了解决这一问题，公元前3100年左右，尼罗河流域进行了重大的政治转型，形成了这个时期最伟大的王国，拥有臣民一百万人。吉萨大金字塔(约139米)建于约公元前2500年，在1311年林肯大教堂(约160米)建成前一直是世界最高的建筑物。根据俄罗斯裔历史学家亚历山大·格申克龙(Alexander Gerschenkron)的阐述，这两个帝国是后期形成的农业社会，但凭借着经济学家熟知的“后发优势”定律，长期占据着肥沃月湾地区。经济“落后”是一个优势，因为落后的社会可以将所有精力专注于学习模仿，不会在充满无数未知数的道路上

---

〔1〕《西方将主宰多久：东方为什么会落后，西方为什么能崛起》，普林斯顿大学出版社。

迷失方向。[1]

在世界的另一端，生活在北部黄河流域和南部长江流域的中国人于公元前8000到前7500年便开始种植大米，大约在公元前6550年开始种植小米。随后农业生产向所有毗邻的盆地蔓延，之后又向西边的渭河和先秦地区延伸。公元前3800年的气候变得更冷更干燥，长江和黄河流域的湿润土壤便更适宜种植。气候的变化并没有给这里带来埃及和美索不达米亚出现的政治上的中断，而是创造了一个本质上相同的新力量——“水利”帝国，它比仅依赖于雨水的国家更有组织性。

东方与西方

欧亚大陆的东西两端在文字、宗教、祭品、陶器、首领墓碑、(对大多数人来说强度越来越大的)劳动、食物储存、防御工事和动物驯化(如狗的驯化)方面经历了相同的发展进程。

东方在晚于西方的1 500年后，经历了基本相同的主要发展阶段，只有个别例外。东方的陶器比西方早出现了7 000年(这标志着该地区的人在农业创造之前就结束了游牧生活)，相反，供奉神灵的祭坛的建成在西方早了近6 000年[2]。但总的来说，主要还是相似之处居多，根据英国人类学家杰克·古迪(Jack Goody)的说法[3]，人类的平行发展一点儿不让人惊讶——欧亚大陆两端的文明都是基于公元前

〔1〕 亚历山大·格申克龙，《经济落后的历史透视》(*Economic Backwardness in Historical Perspective: A Book of Essays*)，马萨诸塞州剑桥：哈佛大学出版社，1962年。

〔2〕 寺庙在美索不达米亚的发展中起着决定性的作用。寺庙拥有大片土地，监督农作物的再分配。美索不达米亚的居民本能地求助于祭司，通过他们向神学习应该做什么。莫里斯，《西方将主宰多久：东方为什么会落后，西方为什么能崛起》。

〔3〕 杰克·古迪，《偷窃历史》(*The Theft of History*)，纽约：剑桥大学出版社，2006年。

3000年左右的青铜时代而创造的[1],事实上,青铜时代很有可能是从西方传到东方的,这也就解释了为什么最早一批中国王朝的重心位于内陆。

仿佛被打通的欧亚文化可以通过其特定的地理位置来解释。贾雷德·戴蒙德指出,欧亚大陆位于东西轴线上,而美洲和非洲位于南北轴线上。很显然,东西轴上的所有地区纬度都相同,这意味着它们的季节变化也相同,农业发明的传播速度就更快。虽然意大利南部、伊朗和日本相隔4 000多英里,三地却有着共同的农业气候条件。进入公元纪年,肥沃月湾的粮食已被种植在从爱尔兰到日本绵延1万英里的土地上——兼具统一性和多样性的欧亚文明已经形成。相反,安第斯山脉的美洲驼绝不会抵达北美,马匹也不会越过撒哈拉沙漠的重重障碍抵达有着温带气候的南非——知识在南北轴线大陆上的传播要困难得多。

复杂性的衡量

为了分析几个世纪以来东西方的演变,伊恩·莫里斯制定了一个汇总多类数据的指数,就像现在用GDP体现国家财富。所选的第一个参数是社会的能量捕获水平,第二是发动战争的能力,第三个标准是城市化速度。每个衡量标准的得分都是某一地方的值除以已知的历史最

〔1〕青铜时代导致人类的发展历程非常相似:耕犁和役畜的使用、城市手工艺和文字的发明。亚洲和欧洲也有着同样的陪嫁制度,无论是父母去世时的遗产,还是结婚时的嫁妆(而非洲的制度则不同,他们是由新郎一家向新娘一家提供物品和服务)。

高值，再乘以一个基数 1 000。[1]

在新石器时代和公元前 5000 年之间，莫里斯指数的值在西方翻了一番，而东方的莫里斯指数在 1 500 年后同样翻了一番——东西方文明均达到了相同的复杂性阈值(42/1000)，但也都再没有超越。中国在 1150 年的宋代达到了这一最高水平，之后开始逐渐下降，这也正是 1 000 年前罗马文明所经历的。直到 19 世纪欧洲工业革命，这一纪录才被打破，而且是被彻底打破。

既然欧亚大陆两端的发展是平行的，那么我们是否应该得出这样的结论：人类只是由雨水、气候和动植物编程设计的，被动的、不提供任何资源的机器人？“这些担忧当然是不恰当的，”贾雷德·戴蒙德回答道，“没有人类的创造力，我们今天所有人应该还在用石器切肉并大口生吃。”[2]戴蒙德指出，很多基础发明只发生一次。“水车、旋转式手推石磨、齿轮传动装置、磁针罗盘、风车和暗箱”都是如此。[3] 最巧妙的发明是字母表，在整个人类历史中似乎也真的只是一次性的发明。这要归功于那些说闪米特语的人，他们生活在现今叙利亚和公元前 2 000 年的西奈半岛之间的地区。曾经存在或现在仍然存在的上百种字母表都源于我们祖先的闪族字母。字母表并非农业社会“必要的”产物。正是人类如此无法预测的创新天赋，以及从其他文化中吸取想法的强大能力，才解释了字母表的出现。

---

[1] 世界上已知的最大城市是东京，2000 年拥有 2700 万居民。罗马帝国时期的居民为 100 多万。中国长安的人口是它的一半。因此，罗马的得分是(1/27)×1000，长安的得分比它少一半。在能源消耗方面，目前美国人保持着最高纪录，每天消耗 20 万千卡。鉴于人体的生存阈值约为 2000 卡路里，人类历史的最低分应当是 10 / 1000。

[2] 贾雷德·戴蒙德，《枪炮、病菌与钢铁：人类社会的命运》(*Guns, Germs, and Steel: The Fates of Human Societies*)，纽约：诺顿出版社，1998 年，第 408 页。

[3] 同上，第 255 页。

第三章　2026 年 11 月 13 日

18 世纪末，托马斯・马尔萨斯(Thomas Malthus)以一种极简单的机制描述了人类历史：人类一旦营养改善，便开始迅速繁衍。农业及随后的发展引发了一场人口大爆炸，抵消了最初营养改善的益处。根据马尔萨斯的理论，只要粮食供应充足，人口就会呈指数增长，而当农业产量达到极限时，人口增长就会终结，例如，如果每 100 年人口增长 1 倍，1 000 年内人口就会增长 1 000 倍。然而，清理出可耕种土地的速度却越来越慢，耕地稀缺不可避免地阻碍了人口增长，饥荒和生态灾难也必然令增长期停滞。

从这个角度来看，经济史就在增长期与危机期之间交替前行、相互抵消。资源丰富时，人口增长毫无约束；随着人口不断增加，资源匮乏，就引发了危机。每一种趋势都会带来自身的反趋势：当人类人口数量过大,也正凭借着大量的人口,新的想法应运而生,可能的极限又被拓宽。1965 年,丹麦经济学家埃斯特·博塞拉普(Ester Boserup)发表了题为《农业增长的条件》的重要著作,[1]她在书中指出,人口压力会刺激创造力,进而可能解决人口过剩带来的问题。人口越多,想法就越多,资源也就越多,这就减轻了农业上收益递减法则的影响。

哈佛经济学家迈克尔·克雷默(Michael Kremer)在一篇开创性的文章《人口增长与技术变革》[2]中表明,马尔萨斯和博塞拉普的理论其实并不矛盾,只是一前一后在历史上发挥作用。人类达到生产食物能力的极限(马尔萨斯理论),但大量人口带来的创造力又不断拓宽这些极限(博塞拉普理论),结果是:地球上居住着一大批越来越多的饥饿人群。根据克雷默的计算,人口并不像马尔萨斯认为的那样呈指数增长,而是增长得更快,好比核反应的过程,增长速度本身也随着人口的增长而增加。

问题是,在一段极为有限的时间之内,人口炸弹似乎就会被引燃。一项研究对过去 1 万年进行了观察,并基于此对人口增长做出了推测,[3]它得出的结论是,地球人口预计将在 2026 年 11 月 13 日到达无穷远点。基于克雷默的系数(克雷默独立估算自己的参数),评估结果也为期不远:人口炸弹预计将在 21 世纪中期引爆。

人类可以摆脱这一命运,但只能依靠一个奇迹:人口发生了未曾预

---

[1] 埃斯特·博塞拉普,《农业增长的条件》(*The Conditions of Agricultural Growth*),芝加哥: Aldine 出版社,1965 年。

[2] 迈克尔·克雷默,"人口增长与技术变革"(Population Growth and Technological Change),《经济学季刊》(*The Quarterly Journal of Economics*)第 108 卷,第 3 期(1993 年 8 月):681—716 页。

[3] 艾伦·约翰逊(Allen Johnson)和蒂莫西·厄尔(Timothy Earle),《人类社会的演变》(*The Evolution of Human Societies*)加利福尼亚州斯坦福:斯坦福大学出版社,1987 年。引自大卫·克里斯蒂安(David Christian),《时间地图:大历史导论》(*Maps of Time: An Introduction to Big History*),伯克利:加州大学出版社,2004 年。公元纪元之前,人口每年以 0.016%的速度增长。随后,增长率就高出 100 倍。

料或理解的变化。这便是人类出生率的大大降低。它先是出现在工业化国家，然后蔓延到全世界各地。按照经济学家加里·贝克尔(Gary Becker)的话来说，从儿童数量增长转向儿童质量提高的这样一个无法预测的事件，将人类从原本计划发生的毁灭中拯救出来。

被诅咒的部分

是否饮食改善、能源剩余的结果就是人类繁衍呢？伊恩·莫里斯就是这么认为的。乔治·巴塔耶那些更出名的有关色情的文章，则从一个新的角度表达了和《被诅咒的部分》相同的观点。

在巴塔耶看来，人类文明的起源在于一个简单的能量原则。“我们的财富之源、财富之本由阳光提供，阳光分配能源，即财富，且不求任何回报”。正如食草动物比植物更加挥霍，食肉动物又比食草动物挥霍，在所有生物中，人最容易大量地、奢侈地消耗大自然提供的剩余能量。巴塔耶解释道，“地球上的生命史，主要是能量异常丰富的结果，于是产生了耗能越来越多的生命形式”。

正如巴塔耶所说，人类社会以完全任意的方式吸收着可利用的剩余能源。人口增长只是其中一种模式。例如，阿兹台克人(Aztecs)建造了巨型金字塔，在金字塔顶举行人祭。“他们对世界的看法与我们完全不同，但他们在献祭上的忙碌绝不亚于我们对工作的投入”。祭品是大量有用财富中多出的那一个。他一旦被选中，就成了被诅咒的部分，注定要被凶残地消耗掉。在美国和加拿大，太平洋西北地区土著人的冬季赠礼节也是一个很好的例证。酋长将一大批财宝作为正式礼物送给对手，目的就是要羞辱、挑战收礼人，并逼迫他回礼——“生活浪费的回报就是浪费者由此得到的声望”。

表面上看，某些地区的制度则完全相反，他们甚至觉得没有必要为自己辩护。他们对浪费的“解决办法”是把所有的剩余资源交给寺院，让大量消耗者保持生活拮据的状态。各地的献祭、盛宴和战争吸收了社会中过剩的能量，现代社会则把这些盈余留给了工业设备。巴塔耶总结说，社会别无选择，只能走向“每一处可能的极限”，却并不理解引导社会发展的定律。人口增长是巴塔耶用到的一个主要例子：它会让人类最终走向一团混乱，却还不明白为何如此。

第四章　货币的创造

货币，同文字一样，是推动人类历史走向累积增长的工具之一。它创造于公元前6世纪初的吕底亚（Lydia）王国。据希罗多德（Herodotus）说，货币的历史可以追溯到创建迈尔姆纳德（Mermnad）王朝的巨吉斯（Gyges）时代。雅各布·乔登斯（Jacob Jordaens）1646年的一幅画描绘了当时的场景——巨吉斯躲在窗帘后，注视着美丽的、赤裸着身体、被光环围绕的王后。这位王后是国王坎道列斯（Candaules）的妻子，坎道列斯对她的美貌太过骄傲，便在自己的大臣巨吉斯面前展示一番。王后注意到了巨吉斯的注视，于是让他做出选择：要么杀死国王，要么因冒犯王后而自杀。[1] 巨吉斯选择了杀死国王。不久之后，吕底

[1] 柏拉图给出了不同的版本。据他说，巨吉斯是一位牧羊人，他找到了一个让自己隐身的戒指，于是就能进入王宫，引诱王后。

亚王国就创造了货币，克洛伊斯(Croesus)是这个王朝最后一位也是最有名的国王。

希罗多德在《历史》的开篇描述了这一段，他发现，很难解释为什么货币是由吕底亚人而不是希腊人创造的——两国人休闲消遣的方式相同，都玩过各种各样的游戏。希罗多德说，货币是吕底亚人在一次大饥荒中创造的：他们让自己一天做游戏，一天吃饭。但他又补充到，“所有普通吕底亚人的女儿都会自己卖身挣嫁妆，直到攒够嫁妆把自己嫁出去；当然，她们也会自己选择丈夫”。[1] 女孩选择卖身作为攒嫁妆的手段，会不会就是创造货币的最终原因呢？希罗多德就是这么认为的，但他并没有纠结于这个问题。对他来说最重要的是，我们应当注意到在并不久远以前，货币就已经在各地被创造出来了。

的确，圣经时代的埃及和美索不达米亚对“货币”并不陌生。我给“货币”加了引号，因为是沿用了乔治·勒·莱德(Georges Le Rider)那本言语精辟的《货币的诞生》中的说法。[2] 当时的“货币”为金锭又或更常见的银锭，因为来源不明，因此必须定期称重。由国王签发的国家货币大大改变了这一工具的使用范围，此时，货币不再是众多商品中的一种，而是一种新的通用语言。

一种新的语言

法国经济学家米歇尔·阿格利埃塔(Michel Aglietta)和安德烈·

〔1〕 希罗多德，《历史》(*Histories*)，戈德利(A. D. Godley)英译本，马萨诸塞州剑桥：哈佛大学出版社，1926年，1.93。

〔2〕 乔治·勒·莱德，《货币的诞生》(*La naissance de la monnaie*)，巴黎：法国大学出版社，2001年。

奥尔良(André Orléan)精湛地阐述了货币的人类学意义。[1] 没有货币,社会内部的关系就必须是直接关系。通信理论家保罗·瓦兹拉威克(Paul Watzlawick)解释说,一只猫在冰箱前喵喵叫,不是在说"我要牛奶",而是在说"喂我喝奶"。[2] 同样,交换如果不使用货币就离不开社会关系圈,人们便不可避免地建立起同盟或从属关系。

货币关系则恰恰相反。现金支付就意味着一段关系的结束——我付钱给你,银货两讫！人类学家戈登·柴尔德认为,货币的制造让人们摆脱了对某一群体的绝对依赖——我可以从再也不会遇到的陌生人那里购买商品。事实上,如果想要再也不遇到他,就必须用现金支付。[3] 亚当·斯密(Adam Smith)会说,有了货币,就不需要为了买一块面包冲着面包师微笑。货币让人从与他人的关系中解放出来。其实,货币交换从一开始的界定就不是很清晰。它的确让彼此不相识的人建立了关系,但矛盾的是,这些关系始终不如某一特定群体的团结关系那样有效。[4]

按照卡尔·波兰尼(Karl Polanyi)的说法,货币经济早已"嵌套在"社会之中。在他看来,经济发展到后期,才真正成为了一个鲜明的领域。波兰尼认为,19 世纪的"巨变(great transformation)"之后,经济才

---

〔1〕 米歇尔·阿格利埃塔和安德烈·奥尔良,《暴力与信任之间的货币》(*La monnaie entre violence et confiance*),巴黎:Odile Jacob 出版社,2002 年。

〔2〕 保罗·瓦兹拉威克、珍妮特·希尔米克·比文(Janet Helmick Beavin)和唐·D·杰克逊(Don D. Jackson),《人际传播之语用学:一项互动模式、病理学和悖论的研究》(*Pragmatics of Human Communication: A Study of Interactional Patterns, Pathologies, and Paradoxes*),纽约:诺顿出版社,1967 年,第 44 页。

〔3〕 这是约翰·卡雷肯(John Kareken)和尼尔·华莱士(Neil Wallace)的论文《货币经济的模型》(*Models of Monetary Economies*),明尼阿波利斯:明尼阿波利斯联邦储备银行,1980 年。

〔4〕 关于这一问题,参见阿夫纳·格雷夫(Avner Greif),《大裂变:中世纪贸易制度比较和西方兴起》(*Institutions and the Path to the Modern Economy: Lessons from Medieval Trade*),剑桥:剑桥大学出版社,2006 年。

得以从社会中“脱嵌”。罗朗斯·丰丹(Laurence Fontaine)的《道德经济》一书也写得十分精妙,[1]书中提到,17世纪以前的“信用”与我们的理解非常不同:你会借钱给欠你债的人,严格来讲你并不那么关心偿还问题,尽管一场商业革命正在欧洲蓄势待发。经济学也是很晚才发展成一个完善的知识学科的。直到18世纪,构成经济推理基础的概念——生产、投资、年金和利润——才成为一套有组织的话语中的一部分。

事实上,货币长久以来都体现着人们对那些依靠金钱提升地位的人的深深的不信任。不论在东方还是西方,商人的背景通常比较普通,多半无法融入联邦生活。雅典的客籍民(metic)是一批在雅典居住的外国人,他们既不是雅典公民也不是奴隶,他们可以积累大量财富,但生活水平并没有改善。“因为被禁止拥有土地和房屋,他们就不能养马,不能大办宴席或建造豪宅。即使少数客籍民生活富裕却也过得单调乏味。”[2]很长一段时间,一说到货币便会想到客籍民,它对传统社会秩序构成了潜在的威胁。

货币和国家

然而,市场并不是工业革命期间凭空冒出来的。大多数当代历史学家对波兰尼的理论持保留意见。商业,无论是本地的还是远程的,很

[1] 罗朗斯·丰丹,《道德经济》(*L'économie morale*),巴黎:伽利玛(Gallimard)出版社,2008年。

[2] 卡尔·波兰尼,《人的生计》(*The Livelihood of Man*),纽约:学术出版社,1977年,第88页。

快构成了古代社会的一个重要层面。[1] 古迪表示,“在美索不达米亚和中美洲等早期的城市社会,贸易商对于政府和他们自己而言都很重要。阿卡德(Akkadian)国王代表商人干预了海外风险投资,而对于阿兹台克人而言,拒绝贸易则是打仗进攻的借口。”[2]如若只是将(oikos,即国内经济的)互惠互利与商业贸易进行比较,就过于简单化了。从青铜时代开始,人们便可以看到城市、手工艺和以商业为生的“资产阶级”的出现。在美索不达米亚、中国和其他地方,最早的文字运用就是一种信用的延伸。产权“在欧洲的罗马法颁布之前未曾出现”的普遍观点,其实是忽视了其他社会的情况——“在中国,书面合同自唐代起就被用作包括土地转让在内的声明文件。”[3]

货币是由国家创造的,是一种实物偿付以外的收税手段。想要建立一个拥有军队和警察的国家,就不能只靠收缴鸡羊。国家需要钱,而这本身就打破了由礼物和实物交换构成的互惠关系。国家必须拥有一种“普遍”的支付方式来为治理筹措资金。

希腊罗马之路

希腊开辟了一条全新之路。在伯里克利(Pericles)时代的雅典,有大地主提供免费的三餐,但伯里克利以民主观念的名义规定,所有公民只要在市场上购物均可获得现金津贴,他本人就把自己一整年的农作

[1] 远程贸易和本地贸易这两种贸易形式本就一直存在。本地贸易涉及基本生活用品、纺织品和家居用品;远程贸易主要是奢侈品(黄金、皮革、宝石、奴隶),这些是权势者的基本生活用品。Agora(阿哥拉,原意为集市。——译者注)和 bazaar(集市)是提供新鲜牛奶、鸡蛋、鱼、肉的本地市场。远程贸易最早由大使馆开展,大使馆按照传统经济的惯例进行礼品交换。贸易往往是突袭抢劫的替代形式,两者之间没有明确的划分。

[2] 古迪,《偷窃历史》,第 36 页。

[3] 同上,第 70 页。

物都卖了,然后在阿哥拉(即集市)上一点一点地购买所需物品。古希腊的房产主并不会看不起商业,只要它符合他们自身的利益——因为阿提卡(Attica)[1]的土壤更适合出产油和葡萄酒,希腊不得不从外进口谷物,因此,地主们会出售自己生产的葡萄酒,为各自的"庄园"选购食物。这一商业形式之于古代就像石油贸易之于工业化经济体一样至关重要。正因为如此,波兰尼指出,贸易价格并不是自由市场说了算,而是很快就受到管制,有时是通过法令执行的。讽刺的是,随着这些贸易交换的展开,一个不受任何单一国家控制的广泛的地中海贸易正逐渐崛起。[2]

之后,罗马帝国占领了希腊。罗马原本是意大利中部的一个小公国,它只用了一个人一生的寿命时间,便控制了整个地中海世界,并迅速调动资源为自己谋求益处。埃及和高卢负责小麦供应;纺织品来自中东,双耳细颈椭圆土罐来自希腊,金属来自西班牙。[3] 罗马人在采纳和推广希腊人留下来的金钱和法律时没有遇到丝毫的困难,他们本身就是严格的宪法奉行者,是严肃的立法者,于是很轻松地便将希腊的商业法律融合进来。[4] 尽管罗马贵族对商业的蔑视持续存在——与

---

[1] 希腊首都雅典所在的大区,也是古希腊对这一地区的称呼——译者注。

[2] 货物从各方流入雅典,就像后来流入伦敦那样。波兰尼做了生动的描述:"哈尔基斯人(Chalcidian)的剑和杯子、科林斯人(Corinthian)的青铜器、米利都人(Milesian)的羊毛制品、阿哥斯人(Argive)的武器,来自迈加拉(Megara)的大蒜,来自维奥蒂亚(Boeotia)的游戏和家禽,来自锡拉库扎(Syracuse)的奶酪和猪肉,来自罗兹岛(Rhodes)的葡萄和无花果,来自帕夫拉戈尼亚(Paphlagonia)的橡子和杏仁,来自塞浦路斯(Cyprus)的芥末,来自米利都(Miletus)的小豆蔻,来自萨莫色雷斯(Samothrace)的洋葱,来自忒涅多斯(Tenedos)的马郁兰,来自阿提卡、希俄斯岛 Chios)、尼多斯(Cnidus)和萨索斯(Thasos)的葡萄酒,来自伊特鲁利亚(Etruria)的喇叭,来自西西里(Sicily)的战车,来自塞萨利(Thessaly)的豪华椅子,来自米利都的床架,来自迦太基(Carthage)的地毯和枕头,来自叙利亚的熏香,还有来自伊庇鲁斯(Epirus)的猎犬。" 波兰尼,《人的生计》,第227—228页。

[3] 可比较皮埃尔·贝巴克(Pierre Bezbakh)的《经济的世界》(*Le monde de l'économie*),2003年4月29日。

[4] 约翰·希克斯(John Hicks),《经济史理论》(*A Theory of Economic History*),牛津:克拉伦登出版社,1969年。

雅典存在的蔑视一样顽固——贸易很快成为罗马帝国不可或缺的一部分。

罗马以向平民提供“面包和马戏”而闻名，即便如此，罗马帝国的市政支出也无法掩盖主要开支用于军队的事实，这就要求以现金形式收税。罗马通过中间商将实物支付得来的小麦在市场上出售。盐和铁的垄断也是一项财政策略，国家试图以此充盈国库。16～17 世纪的重商主义(mercantilism)——商人与国王达成对抗封建力量的联盟——从一开始就是国家的惯常做法。

法律和货币构建的体系成为文艺复兴时期欧洲的一笔宝贵资源，成为走向贸易支配型经济新征程上的指南针。东西方在此之前平行发展，但自此之后便开始分道而行，至少暂时如此。造成(第一次)大分歧的主要原因是:西方帝国遇到蛮夷入侵往往难以幸存，而中国则能够抵挡这一冲击。[1] 最初的不利情况成为西方后来的优势之源——危机让西方开始追根循迹，放弃了技术薄弱、基于奴隶制的罗马制度曾走过的道路。[2]

---

〔1〕 在公元纪年之初，罗马和中国这两大帝国，统治了大半个世界。而在两个帝国的国门口，外来蛮夷正虎视眈眈。他们最终各自占领了两大帝国的一半领土(罗马是西欧，中国是北方)，另一半(西方是拜占庭，中国是南部)仍然掌握着传统的权力。动乱时期出现的两种宗教——基督教和佛教之中，只有前者的权力得以保留。唐代恢复了儒家思想，使其成为国家宗教。西方的基督教则逐渐繁荣，代替了消失的帝国。

〔2〕 这是阿尔多・斯契亚沃尼(Aldo Schiavone)《历史的终结:古代罗马和现代西方》(*The End of the Past*: *Ancient Rome and the Modern West*)的主题，玛杰里・J・施耐德(Margery J. Schneider)译，马萨诸塞州剑桥:哈佛大学出版社，2000 年。

第五章 偷窃历史

从伯里克利时期的希腊到但丁和伽利略时期的欧洲，再到詹姆斯·瓦特和亚当·斯密时期的欧洲，长久以来人们对西方历史的描述差别不大。西方历史体现了西方人向自由和繁荣的成功迈进，与之相反，东方制度中的独裁者要求所有人意志的臣服，让普通百姓身处赤贫。西方人自身可能就拥有着各种资源，例如(希腊的)哲学、(基督教的)道德、(伽利略时期的)科学和(热那亚、佛罗伦萨、阿姆斯特丹和伦敦的银行家所拥有的)经济。欧洲因此创造了现代性。根据这一叙述，欧洲也被认为是爱情(先是宫廷式恋爱，然后是罗曼蒂克式爱情)、自我控制和(人权及议会民主意义上的)自由的发源地——简而言之，就是我们今天使用的"个人"(individual)这个词的完整含义。

可一旦仔细分析，这座大厦便迅速崩塌。事实上，希腊和罗马从未出现任何伟大的技术发明。奴隶劳动是当时经济活动的基础，这也意味着古罗马陷入了一个僵局，他们不会将阿基米德知识用于战争武器以外的任何领域。长久以来，西方人满脑子都是古时对商业(以及少数从事商业活动的人)的蔑视，在基督教禁止高利贷之时也是如此——要想从希腊或基督教中找到当代人所理解的经济繁荣的源头，只是一番徒劳而已。

有人认为爱情、普世道德以及追求自由等其他“个人主义”感情都“创造”于西方，杰克·古迪、伊恩·莫里斯和阿马蒂亚·森(Amartya Sen)也在著作中表示了对这一观点的质疑。只要读一读中国文学或印度文学就会立刻被说服。

爱情和情感的依恋有时与个性和自由(这里指选择伴侣的自由)相关，一些历史学家认为，它们是最近才被创造出来的，行吟诗人吟唱的宫廷式恋爱最早只能追溯到中世纪。根据杰克·古迪的说法，公元前三世纪初中国的《诗经》是第一本爱情诗选集。与信奉基督教的西方不同，爱情在中国或日本并不是罪恶，而是值得赞扬的美德。《圣经》中，所罗门所作的《雅歌》也是一首情歌(已被有所寓意地诠释)。爱情诗的题材在整个穆斯林世界也被广泛流传[例如，1022 年由诗人伊本·哈兹姆(Ibn Hazm)创作的《鸽子的项圈》(*The Ring of the Dove*)就是其中之一]。古迪总结说：“是行吟诗人第一次让爱情成为一种美德而非罪恶，这一观点对于中世纪的欧洲来说是正确的。但在全世界来看，肯定是站不住脚的。”〔1〕

同样地，从羞耻感向内疚感的转换也成为西方的一个显著特征。羞耻感主控的社会靠的是外部压力的支撑，即他者的注视；而内疚感则

---

〔1〕 古迪，《偷窃历史》，(*The Thefot of History*)第 274 页。

标志着社会朝着内化社会约束的方向发展。根据社会学家诺贝特·埃利亚斯(Norbert Elias)的观点,内疚感起源于西方封建主义向绝对主义国家过渡的时期,据说那时发生了一次文明的飞跃,这在很大程度上解释了西方奇迹。为了更好地立论,伊莱亚斯细致地描述了宫廷社会是如何让贵族习俗变得“文明开化”——相安无事的,这些习俗而后通过资产阶级传播到其他社会阶层。但是他的叙述有一个很大的缺点:他把中世纪的暴力当作西方文明的出发点,完全忽视了西方人在罗马衰亡之后经历一大段时间。此外,他也没有将西方文明同其他文明进行比较。[1] 16 世纪被埃利亚斯看作欧洲文明进程的开端,但实际上却是可怕的战争与屠杀的开始。[2] 根据历史学家罗贝尔·穆尚布莱(Robert Muchembled)所言,正是有了那段一直持续到三十年战争(Thirty Years War,1618~1648)的极端暴力的时期,国家才明确获得了合法暴力的垄断。[3] 但是,这也并不能证明这一过程是欧洲所特有的。

在古迪看来,中国人“打招呼、保持身体清洁、与农民率直形成鲜明对比的法庭约束等所有复杂习俗仪式(例如茶道),都与文艺复兴时期的欧洲相同。[4] 这些发展被证明是一场与西方完全相同的“文明进程”。一旦考虑到历史周期的各个阶段,这些惊人的相似之处就愈发明显了——欧亚大陆两端的文明都有着良好的礼貌准则,都出现了想要

---

〔1〕 罗马帝国的衰亡造成了封建社会的普遍暴力。国家组建的雇佣军结束了封建战争,骑士因此有了军事力量上的对手,于是就变得愈加暴力。

〔2〕 一位尖刻的评论家指出,就在埃利亚斯作品出版的那一年——1939 年,西方的和平主张并未受到青睐[参见伊恩·莫里斯,《战争》(*War*)(普林斯顿:普林斯顿大学出版社,2014 年)]。对于埃利亚斯理论的盛赞,可在史蒂文·平克(Steven Pinker)的《人性中的善良天使》(*The Better Angels of Our Nature*)[纽约:维京(Viking)出版社,2011 年]一书中找到。莫里斯也对埃利亚斯理论表示了赞扬。

〔3〕 这也是一个倒退的时期,浴缸使用得越来越少。马尔萨斯认为,西方人只有通过推迟婚姻才能控制出生率的观点早已经被人口统计学家彻底推翻。

〔4〕 古迪,《偷窃历史》,第 173 页。

跻身贵族的资产阶级。

正如彭慕兰(Kenneth Pomeranzs)的著作——更广泛意义上来说是加利福尼亚经济史学院的著作中指出的，从14世纪起，无论是哲学上还是物质上，中国向资本主义转型都没有太大的障碍或阻挠，至少与欧洲的情况相比是如此。中国农业效率很高，市场整合良好。劳动力市场也没有遇到什么障碍，与欧洲行业协会产生的障碍没什么差别。女性劳动力也越来越常见，这是有意出台的政策的结果。于是，一个永恒的问题出现了：为什么现代的经济增长始于西方呢？

马可·波罗游记和哥伦布游记

让我们梳理一下历史的脉络：罗马衰亡之后，西方进入了一个漫长的冬眠期，一觉醒来，发现世界其他地方早已各自向前发展；11～13世纪，欧洲文艺复兴同期的东方，成为了一片充满魔力的土地，马可波罗游记激起了西方人的美梦，威尼斯想要通过与东方的贸易建立起自己的商业繁荣；威尼斯、佛罗伦萨、热那亚等意大利城市的发展模式之后又给阿姆斯特丹和伦敦带来了灵感。费尔南·布罗代尔(Fernand Braudel)认为，“西方奇迹”主要归功于城市复兴。城市不再是贵族居住的地方，成为了布罗代尔所说的“自由”、“自主”和“勤劳”的城市的原始模型。[1]

出生在热那亚的克里斯托弗·哥伦布启程出发，去寻找一条通往

〔1〕 但是，琼-劳伦特·罗森塔尔(J. Laurent Rosenthal)和王国斌(R. Bin Wong)的研究表明，中国的相对和平解释了为什么中国“企业家”感到没有必要只在城镇的防护墙内活动。详见他们的《前后分歧》(*Before and Beyond Divergence*)一书(马萨诸塞州剑桥：哈佛大学出版社，2011年)。

印度的新航线。应该说,任何一位发现美国大陆的欧亚人,都会像英格兰、西班牙和葡萄牙人那样将其占为自己的殖民地。[1] 1405 年,郑和将军带领着他掌管的 300 艘军舰、2.7 万名水手和 180 名医生一路从南京到达斯里兰卡和非洲。郑和使用了指南针,为装满饮用水的船补足了供给;而哥伦布只有 3 艘船和 90 名水手,没有淡水储备,也没有指南针。尽管如此,中国却暂停了它的航程,因为它对发现通往欧洲的新路线并不是特别感兴趣;但相反,欧洲人却对发现新航线充满热情。

(用于导航的)指南针、(用于传播知识的)印刷机和纸张,以及(用于发动战争的)火药,这些伟大的发明让西方再一次崛起,而它们都是由中国人创造的。事实上,14 世纪的中国已经非常接近 400 年后欧洲发生的工业革命了——11～12 世纪宋朝时期的中国已经超越了罗马。莫里斯认为,那时中国正经历着它的黄金时代。中国市场上出现了各式新产品,不仅有农产品,还有纸、麻、丝绸和桑叶。

但一个外部因素的出现让中国没能最终实现复兴,它就是 13 世纪蒙古人的入侵。16 世纪,就在蒙古人即将不再构成威胁之时,伊凡四世(Ivan the Terrible)却又封锁了连接东西方的高速公路——俄罗斯干草原。这也成为西方扩张的原因之一。蒙古人的入侵对中国工业造成了致命的打击。14 世纪,中国的工业大步倒退,尽管在明朝的治理下这一帝国正逐渐地恢复,但它再也没能恢复到早先的高速发展。根据彭慕兰的说法,中国的工业衰退是一场地理事故:蒙古人的入侵将中国的知识和政治重心推向了南方,而煤炭储备——英格兰发展的决定性因素——却位于北方。

---

〔1〕 贾雷德·戴蒙德说,这是由于东西轴线比南北轴线有优势。

西方的崛起

宫廷式恋爱或自我控制无法解释西方的崛起，欧洲大国发动的长期战争才是真正的原因。所有人都沉迷于一个霸权梦想：重建罗马的辉煌。“欧洲是什么？”莱布尼茨(Leibniz)问道，“与敌对邻居的激烈斗争。”这些欧洲强国相互欣赏却仍会发动准内战，这种准内战是西方特有的。几个男爵加入宗主国的战场一年打上40天的封建战争，已转变成了由人数不断扩增的雇佣军发动的新型战争。像古代一样，君主们需要把钱发放到整个社会。各国已经因为对雇佣军的欠债而无法正常运转，于是他们创造出一个金融资本主义，旨在吸纳不断增长的公共债务。这是当时欧洲对资本主义发展做出的为数不多的贡献之一！

战争带来了大炮和航海的巨大进步。在探险家的大发现之后，这一优势变得更加珍贵无比，因为当时欧洲战争已蔓延到了其他大陆。事实证明，征服世界比控制欧洲其他国家要容易得多。这是欧陆强国16～17世纪的新发现。那时，大西洋取代地中海，成为了“我们的海”[1](*mare nostrum*[2])。

法国作家安东万·德·蒙史莱斯坦(Antoine de Montchrestien)是重商主义学派的创始人之一，创造了“政治经济学”(political economy)一词。在该学派成员看来，贸易是战争另一种方式的延续——为了把尽可能多的黄金带回自己的领土，各国卖出的就要比买进的多。重商

---

〔1〕 莱布尼茨继续对欧洲列强进行了分析：“第一次疯狂地向外扩张包括：西班牙抵达南美；英格兰和丹麦抵达北美；荷兰抵达西印度群岛；法国抵达非洲”。

〔2〕 拉丁语，意思是“我们的海”，是罗马帝国全盛时代对地中海的称呼。——译者注

主义者试图向君王证明,商人是他们最好的盟友。这当然不是什么新点子,古代国王也深谙此道,然而,这对整个社会的控制必将产生更加深远的影响。

新教伦理与资本主义精神

地理大发现加速了这一变革,一个庞大的商业体系由此形成。亚洲提供了香料、纺织品和瓷器;美国提供了黄金、糖和烟草,而非洲则构成了这一全球贸易最可憎的第三部分:以奴隶买卖换取(比亚洲商品)劣质的欧洲商品。17 世纪英格兰的圈地运动是封建社会向商业社会转型的最高潮,当时,英国地主毫不犹豫地把农民从田里赶了出来,这样他们就可以在土地上放羊,再把羊毛卖给荷兰织商。[1] 罗伯特·卡斯特(Robert Castel)对这一时期有着精辟的描述:当时的劳动力从原始关系中"脱离",一种新的历史经验被创造出来,并成为后来雇佣劳动的先驱。[2]

这是约翰·加尔文(John Calvin)让财富真正不再被妖魔化的时代,他解释说,财富不是魔鬼在使坏,而是神的拣选的证明。贪婪在当时还是一宗罪。马丁·路德(Martin Luther)本人鄙视贸易,并反复强调天主教教会对高利贷一直以来的谴责。加尔文主义的商人从这条禁令中解脱出来,但他们必须看到上天的仁慈,而不是为自己感到骄傲:

---

〔1〕 荷兰共和国将欧洲的经济版图向北移动。它与波兰开展定期贸易,用羊毛换取小麦,然后逐渐将商业扩大到西班牙和葡萄牙。意大利各城邦曾主宰中世纪的纺织贸易和信贷系统,但在与荷兰人的竞争中逐渐失去了地位,之后同样的情况也发生在英格兰。起初,英国跟随着荷兰的商业轨道,将羊毛出口给佛兰芒人(Flemings)进行加工,可后来羊毛逐渐上升到价值链的上端。

〔2〕 罗伯特·卡斯特,《社会问题的变形》(*Les métamorphoses de la question sociale*),巴黎:法亚尔出版社,1995 年。

承认上帝的荣光就意味着否认自己的荣光，他们不得不“谦虚”地接受自己的富有。

据理查德·亨利·托尼(R. H. Tawney)的一个精辟表述(引自巴塔耶)，加尔文向日内瓦资产阶级提供的正是马克思向无产阶级所提供的：一个属于他们的世界定会到来的承诺。同时，托尼还注意到，无论加尔文主义在哪里占据了主导地位，它都施加了一种集体专政。直到17世纪下半叶英国清教徒的出现，(年轻的)传统才真正带来了对利润毫无限制的追求。1688年，奥兰治的威廉(William of Orange)取代了詹姆士二世(James II，后至法国避难)，资本主义与宗教在日内瓦达成的协议传到了伦敦，缔造了后来马克斯·韦伯(Max Weber)所讲的资本主义精神。

道格拉斯·诺斯(Douglas North)等人的合著以及达龙·阿西莫格鲁(Daron Acemoglu)与詹姆斯·罗宾逊(James Robinson)的近期作品都是非常有说服力的证明：1688～1689年的“光荣革命”(glorious revolution)是现代资本主义崛起的决定性时刻，它提供了一个更有效地保护财产权的全新体制框架。[1] 这当然是一个关键步骤，但我们也必须把它放在英国所处的一个更广阔的泛欧革命的大背景下。[2]

---

[1] 道格拉斯·诺斯、罗伯斯·托马斯(R. Thomas)，《西方世界的崛起》(*The Rise of the Western World*)，剑桥大学出版社，1973年；达龙·阿西莫格鲁、詹姆斯·罗宾逊，《国家为什么失败》(*Why Nations Fail*)，2012年。

[2] 不过，奎恩(Quinn)在著作中表明，“光荣革命”之后资本价格并没有大幅度下降。奎因(2001)《光荣革命对英国民间融资的影响：一个微观历史：1680－1705》(*The Glorious Revolutions effect on British Private Finance: a Microhistory: 1680－1705*)，《经济史杂志》(*The Journal of Economic History*)，第61卷，第3期，第593－615页。琼一劳伦特·罗森塔尔也在著作中批评了“圈地”效率的观点，他表示产权过紧可能会阻碍农业的生产性投资。琼一劳伦特·罗森塔尔，《普罗旺斯灌溉的发展，*1700－1860*：法国大革命与经济增长》(*The Development of Irrigation in Provence*, 1700－1860: *The French Revolution and Economic Growth*)，《经济史杂志》，第L卷，第3期，1990年9月，第615－638页。

机器的出现

如果非要给欧洲经济转型找一个环境因素的话，那便是14世纪的黑死病了。封建制度中的黑死病，就好比是西方资本主义1929年的股市崩盘，它让世界彻底变了样。农民数量急剧下降，逆转了人类与土地间的平衡关系，人力因稀缺而变得更加重要。于是，农民有了摆脱受压迫状态的机会，他们可以向出价最高者租赁自己的劳务。这导致欧洲各地工资上涨，最终涨到了平常水平的两倍。

然而，免受食物短缺之苦只是短暂的。人口迅速恢复增长，欧洲人口回到了黑死病之前的水平。随着人数的增加，工资也开始恢复"正常"。到17世纪末，各地几乎都完成了这一变化。只有英格兰和荷兰躲过了这场回潮，这两个国家的工资仍接近黑死病后的高点。经济史学家罗伯特·艾伦(Robert Allen)就曾表示，在18世纪的英格兰，普通人便买得起白面包、牛肉、啤酒以及镜子、糖或茶等奢侈品。相比之下，在佛罗伦萨，一个在15世纪就吃上面包的人，到了18世纪却只买得起用刚从美洲进口的玉米制成的玉米粥。[1]

荷兰和英国的工资之所以仍然维持较高水平，有以下几点原因：随着16～17世纪各国向外探索，商业开始流通，这两个国家从中获益最多。[2] 与此同时，因为有了新的科学，他们比欧洲其他国家更早尝试

〔1〕 罗伯特·艾伦，《全球视野下的英国工业革命》(*The British Industrial Revolution in Global Perspective*，剑桥：剑桥大学出版社，2008年。

〔2〕 荷兰和英国驱逐了原本的亚洲贸易伙伴葡萄牙。荷兰人从葡萄牙人手中夺走了雅加达，并把它作为亚洲帝国的首都。英国人又以牺牲荷兰人为代价创立了他们的帝国。几次战争后，英国人从荷兰人手中抢走了纽约(1664年)，并沿着从缅因州到佐治亚州的大西洋海岸定居下来。他们向英国出口烟草、大米和小麦。1770年，美国的英国人口达到了280万，相当于整个英格兰人口的一半。殖民地贸易促进了英国和荷兰的经济。在工业革命前夕，英国以农业为生的人口比例已经降至45%以下。

了新的农业技术——特别是轮作的方法。

艾伦认为，历史上普遍存在的低工资对工业发展毫无激励作用：既然劳动力成本近乎于零，为什么还要实现劳动力的机械化？这是在掘罗马经济的坟墓(罗马帝国无法从奴隶劳动中自行解放出来)，这一态度仍是17～18世纪欧洲发展的决定性因素，而黑死病造成的平衡破裂则改变了态度的方向。到了18世纪中叶工业革命的前夕，英国的工资比法国高出60%。这大大推动了劳动力的机械化。

因此，似乎是高工资引发了工业革命，而非工业革命带来了高工资。艾伦研究分析了英国纺织业转型中的一台关键性机器，即由理查德·阿克赖特(Richard Arkwright)发明的第一台获得商业成功的纺纱机。根据艾伦的计算，英国阿克赖特细纱机的投资回报率为40%，而法国只有9%。因为法国的工资水平更低，用机器代替人力劳动的利润也就更少。直到19世纪，这些新巧的机器进一步得到改进，而生产成本降低后，这些机器才在工资水平较低的国家(如法国)产生利润。

现代社会正在向人类召手。机器已经登台亮相，过不了多久，蒸汽机便将大幅提升可供英国工业家运营工厂的能源量。[1] 然而，是科学革命推动了西方的向上发展，它让最初的发展进程加强而非减弱了人类历史的第二次大爆炸——通常情况都是如此。它完全颠覆了人们对世界的认识，并迅速成为经济生活的一大驱动力。

---

〔1〕 英国和荷兰的城市化增加了对能源的需求。由于木材已涨到天价，于是人们找来了替代品：荷兰用泥炭，英国用煤炭。

第六章　从封闭世界到无限宇宙

欧洲从罗马衰亡后便进入冬眠期，醒来时发现世界其他地方却从未停下发展艺术和科学的脚步。阿拉伯医生和哲学家变成了领军人物。1085 年是关键的一年，卡斯提尔(Castile)国王阿方索六世(Alfonso VI)占领了伊斯兰重镇托莱多(Toledo)，一场翻译热潮随之兴起，大量希腊和阿拉伯的科学著作被翻译成拉丁文。那时人们对知识极为渴求，不到两百年，翻译工作就完成了。欧洲已准备好再振雄风。

人们通过阿拉伯语翻译重新发现，亚里士多德在欧洲科学精神的形成过程中起了两种截然相反的作用。圣・托马斯・阿奎那(Saint Thomas Aquinas)沿袭了亚里士多德的哲学思想，认为理性不是信仰的敌人。这就为引入科学精神打开了一个突破口。然而，亚里士多德的推理又是从目的论的角度出发的：事物的本质要通过其终极目的(finality)来解释("我有手,我才能摘苹果",而不是"我能摘苹果,因为我有手")。例如,亚里士多德就曾推断,重的物体一定比轻的物体下落得更快。直到(据传闻)伽利略从比萨斜塔塔顶扔下两个铁球,这一想法才被证明是错误的。亚里士多德还认为绝对真空不可能存在。伽利略的学生兼助手埃万杰利斯塔·托里拆利(Evangelista Torricelli)发明的测量大气压力的晴雨表,则证明他使用的水银柱上方的确存在真空。[1] 因此,伽利略革命史无前例地将纯粹推理和实验结合起来。正如爱因斯坦所说,这一结合是现代科学不可思议的奇迹。[2]

1277 年,教会通过巴黎大主教宣布的七七禁令将大量亚里士多德的观点视为异端邪说,颇为自相矛盾的是,这反倒解放了思想。自 14 世纪开始,让·布里丹(Jean Buridan)(他提出了著名的"布里丹之驴"的悖论)和他的学生尼古拉·奥里斯姆(Nicolas Oresme)提出的一些原则,也推动了后来哥白尼的革命。[3] 亚里士多德认为,宇宙一定是围绕地球旋转的。布里丹基于纯粹的推测,对此提出质疑。他说,如果反之才是正确的,我们所看到的似乎也毫无不同。他还继续解释说,如果一艘船绕着另一艘船行驶,那么前一艘船上的人很可能会认为是第二艘在绕着他们转。但是布里丹却放弃了是地球在旋转的结论,他说,

---

〔1〕 大气压力是 17 世纪科学家的研究选题之一。克里斯蒂安·惠更斯(Christiaan Huygens)和奥托·冯·格里克(Otto von Guericke)顺着托里拆利的发现继续做出说明,当气缸内产生真空时,大气压力会压迫活塞使其进入气缸。1675 年,丹尼斯·帕潘(Denis Papin)利用这些直觉经验生产了第一台蒸汽机,之后 1712 年托马斯·纽可曼(Thomas Newcomen),经过 12 年的改良,发明了大气压蒸汽机,而后又由詹姆斯·瓦特(James Watt)接过了这把改良的火炬。

〔2〕 工业家们充分利用了通过实验发现自然规律的想法。精密计时器的发明者约翰·哈里森(John Harrison)就曾读过一篇直接受牛顿课程启发而来的论文。参见乔尔·莫基尔(Joel Mokyr)《雅典娜的礼物:知识经济的历史起源》(*The Gifts of Athena*),普林斯顿:普林斯顿大学出版社,2002 年。

〔3〕 在之后的段落中,我引用的很多颇有价值的观点都来自由多米尼克·布尔格(Dominique Bourg)和菲利普·罗奇(Philippe Roch)编辑的《生态危机,价值观的危机?》(*Crise écologique, crise des valeurs?*),日内瓦:劳工与信用(Labor et Fides)出版社,2010 年。

不然一支射向空中的箭怎么落不到同一个地方。他的学生奥里斯姆对这一说法做了补充:箭的轨迹是受地球运行速度控制的。

因此,伽利略和牛顿的科学思想其实起源于中世纪。研究这一时期的历史学家林恩·怀特(Lynn White)认为是基督教导致了变化的出现。[1] 这一看法也引发了激烈的争论。怀特反对人们通常的观点,即因为基督教的消极影响(例如,亚里士多德毫不犹豫就接受的"地球是圆的"的想法,却遭到了教会的反对),公元500～1500年的科学没有取得任何进展。相反,怀特认为,凭借上帝创造世界的圣经信仰,基督教鼓励人们试着通过理解自然来理解上帝。中世纪崇尚"自然即上帝"(Natura,id est Deus)的观点——自然是对上帝确立的法则的表达。依照西方人的长期传统来看,地球就是上帝亲笔书写的作品。[2]

皮埃尔·勒让德尔同样也写道,"圣经有着创世神话不可抗拒的力量,为解密世界提供了一把钥匙……和其他地方一样,西方人都是历史的后人。但是自中世纪起,西方的历史就已宣布一场革命即将到来"。[3] 古代的观点认为世界是有始有终的,这就与循环时间的概念相矛盾。圣经中的时间概念与古人理解的不同,它加大了人的作用,人被认为是按照上帝的形象创造的。基督教甚至更进一步认为,上帝亲自化身为人,即圣子。根据林恩·怀特的说法,基督教是现存的最以人类为中心的宗教。在将人与自然分离的同时,它也让现代科学成为可能。因此,怀特还认为,基督教是当前生态灾难的根源(需要指出的是,

[1] 林恩·怀特,"我们生态危机的历史根源"("The Historical Roots of Our Ecologic Crisis"),《科学》(*Science*)第155卷,3767期(1967年3月):1203—1207页。

[2] 根据詹姆斯·汉南(James Hannam)的说法,圣经中的上帝与奥林匹亚众神不同,不会反复无常。自然是上帝的作品,是完美的,于是我们能够理解它。参见詹姆斯·汉南,《科学的起源:中世纪的基督教是如何发动科学革命的》(*The Genesis of Science: How the Christian Middle Ages Launched the Scientific Revolution*),华盛顿特区:维真瑞(Regnery)出版社,2011年。

[3] 勒让德,《西方所没有看到的》(*Ce que l'Occident ne voit pas*)。

他的文章写于 1967 年)。[1]

可基督教真的是科学革命的来源吗？东欧的东正教与西欧的基督教有着不同的发展路径。在笛卡尔、伽利略和牛顿看来，大自然没有生命；相反，它就像一台机器，人像操作机械钟一样操作它。在东正教的传统看来，这种想法十分不可思议。东正教认为上帝活生生地充分存在于现世之中，他可以通过精神、通过智性(*noūs*)被感知。根据教父的说法，智性(*noūs*)是一种超理性的能力，能够让人类接受事物的最终现实。[2]

说到资本主义，如果把科学革命简单看作 17 世纪欧洲出现的一种直觉，则是毫无意义的。例如，希腊人早已掌握了托勒密(Ptolemy)的天文学，但从未将其用得其所——导航。他们认为了解星星的运动是有可能的，了解一块石头的轨线却不可能。[3]"人们把感性世界视为一片理性疆土并通过实验验证支配和控制它，这是有可能发生的"，却是希腊人和罗马人避免去想的。[4] 在欧亚大陆的另一端，中国人也创造了影响深远的科学，这在李约瑟(Joseph Needham)已出版的厚厚

---

〔1〕 菲利普·德斯科拉(Philippe Descola)追溯了西方区分自然与文化的更早的历史渊源。参见他的《超越自然和文化》(*Au-delà de nature et culture*)，巴黎：伽利玛出版社，2005 年。

〔2〕 中国人在工农业技术领域明显领先于西方，但他们仍然相信宇宙拥有一股精神(气)，不肯想象宇宙被建造得像一个钟(参见布尔格罗奇编辑的《生态危机，价值观的危机?》)。这并不是因为他们对西方思想缺乏兴趣。1644 年，满族人攻下北京城时，耶稣会士们在一场公开竞赛中获胜，成功地预测了日食。1668 年开始执政的年轻的康熙皇帝，每天都要花几个小时研究算术、几何学和工程学。但这一努力还是失败了。教皇担心耶稣会士对天文学的推广远远超过了对基督教义的传播，于是派人对他们严加监视。康熙皇帝也有顾虑，于是开设了自己的学院，双方的联系因此被切断了。相反地，1868 年明治维新之后，日本评估了赶上西方所需完成的改革，并将教育排在了首位：1890 年，2/3 的男孩和 1/3 的女孩接受了完整的小学教育。

〔3〕 罗热-保尔·德鲁瓦(Roger-Pol Droit)，《向世界讲讲西方》(*L'Occident expliqué à tout le monde*)，巴黎：瑟伊出版社，2008 年。

〔4〕 斯契亚沃尼(Schiavone)，《过去的终结》(*The End of the Past*)。

的七卷书中有着详细的分析。[1] 但中国人的科学更倾向于解决实际问题。爱因斯坦所说的纯粹推理和实验之间不可思议的结合，得主要归功于这两大传统间的联系。西方贡献了对理念世界(the world of ideas)的个人痴迷和信仰，东方则贡献了以技术手段来理解世界的实用主义。

从神圣希望到进步理念

科学革命转变了人们对宇宙的看法，宇宙从此被看作一个无限的、虚无的数学空间。亚历山大·柯瓦雷(Alexandre Koyré)在其经典之作《从封闭世界到无限宇宙》中指出，科学革命导致人类思想、至少是欧洲人思想的深度革新，因为它改变了人类思想的基础和根本参数。[2]“有些人会说这是欧洲人的意识危机，有些人会说这是意识的世俗化。人们只对下一个世界关心，而不再对这一个世界感兴趣……哲学史家将会把重点放在人类发现自身主体性上。文学史家将会描述新哲学给世界带来的绝望和困惑。在这个世界中，所有的连贯性都已消失，天空不再代表上帝的荣耀。”

法语称为 *Grand Siècle*(黄金时代)的 17 世纪充斥着人们的疑惑和焦虑。如果没有了神圣希望，人的生命价值又何在呢？柯瓦雷曾提及保罗·阿扎尔(Paul Hazard)1935 年出版的一本书，《欧洲意识危机》(*La crise de la conscience européenne*，英文版书名为“*The European*

〔1〕 李约瑟(Joseph Needham)，《文明的滴定：东西方的科学与社会》(*The Grand Titration: Science and Society in East and West*)，伦敦：Allen&Unwin 出版社，1969 年。

〔2〕 亚历山大·柯瓦雷，《从封闭世界到无限宇宙》(*Du Monde Clos à L'univers Infini*)，巴黎：伽利玛出版社，1962 年。

Mind”)。书中指出,欧洲人的思维在短短几十年间(1680～1715 年)就发生了改变。[1] “大多数法国人的思维方式原本是同博须埃(Bossuet)一样的,然后忽然之间,就变得同伏尔泰一样了。[2] 最被普遍接受的想法、证明上帝存在的普遍同意(universal consent)和对奇迹的相信,纷纷遭到怀疑。神圣被归为未知的、不可逾越的天空;人类且只有人类才是万物的尺度。新出现的哲学家试图用基于法律观念的文明代替基于责任观念的文明,包括个人意识的法律、批判的法律、理性的法律、人类的法律和公民的法律。”

正是在 18 世纪,启蒙运动的哲学家们找到了一条出路。他们接受了全新的信仰——“进步”,以此取代基督徒获得救赎的希望,从而走出了上个世纪创造出的虚无。启蒙运动提出的并不是一个无需辛劳或悲伤就可以接近众神的神话般的黄金时代,而是一个同样理想化但却可能实现的未来。在弗雷德里克·鲁维洛瓦(Frédéric Rouvillois)看来,“《圣经》中的大部分宗教信仰都包含了黄金时代、天堂或天然花园的概念,人类就是某天从这些地方被流放的。这就解释了为什么人们会将目光转向过去,有的时候寄希望于重新开始……正是自启蒙运动和世俗化的传播开始,世界才逐渐受到向前发展的新观点的支配,想要发展成为不同寻常、曾经想都不敢想的样貌”。[3]

孟德斯鸠认为,一个人一旦离开了原本的黄金时代,就会丧失朴素节俭、天真无邪、平等自由的美德,而法律和理性能够帮他重拾那些消

〔1〕 保罗·阿扎尔,《欧洲意识危机:1680－1715》(*La crise de la conscience européenne, 1680－1715*),巴黎:法亚尔(Fayard)/口袋书(Le Livre de Poche)出版社,1994 年。

〔2〕 博须埃宣扬君权神授与国王的绝对统治权力;伏尔泰则主张开明的君主政治,强调自由和平等。——译者注

〔3〕 弗雷德里克·鲁维洛瓦,《进步的发明:1680－1730》(*L'invention du progrès, 1680－1730*),巴黎:法国国家科学研究中心,2010 年。

失的美德。孟德斯鸠非常乐观地表示:“在自然状态下,人是真正地生而平等,但他们不会留在原地。社会让他们失去这份平等,只有法律才能让他们重获平等。”德国诗人荷尔德林(Hölderlin)表达了相同的看法:“有两种理想的状态:一种是因为只有自然组织而没有人类参与、人类的需求彼此和谐的极端简单的状态;另一种是因为人类能够自我组织、其需求同样彼此和谐的极端文化的状态。”[1]

对于孟德斯鸠和卢梭而言,任意的法律必须由理性的法律或社会契约所取代。当每个人都明白自己遵守的法律因为建立在理性基础之上所以是正义之法时,人类的永恒追求,即在他人中间找到自己的位置——用黑格尔的话来说,就是“个别与普遍”的统一——就会最终实现。笛卡尔所希望的科学会让人成为“大自然的主人和拥有者”,而这一科学最终也会让人成为他所生活居住的社会的主人和拥有者。

但这几位作者都未曾想到,人类会通过物质财富取得进步。卢梭同意蒙田的观点,在《爱弥儿》(*Émile*)一书中警告说:“贫穷不是对事物的缺乏,而是人们感受到的对这些事物的需要。”总的来说,启蒙思想家对物质进步的观念仍然持谨慎态度,就好像亚里士多德一直警惕金钱一样。尽管18世纪发生了加尔文宗革命,贪婪仍然被看作一种恶习。不过,因为贪婪使人们不再诉诸暴力,它有时也被看作一种善行(孟德斯鸠斯的主要思想)。

甚至包括著名的道德哲学家和经济学家亚当·斯密(Adam Smith)在内的苏格兰启蒙思想家,他们一方面称赞市场成为了社会组织的原则,另一方面却并没有将市场与他们所理解的道德进步联系起

---

[1] 引自查尔斯·泰勒(Charles Taylor),《黑格尔与现代社会》(*Hegel and Modern Society*),剑桥:剑桥大学出版社,1979年。

来。永续增长的概念尚未被详细阐述。孟德斯鸠将财富归结于气候等因素。而亚当·斯密认为，他所生活的时代必须走向（并保持在）一个经济发展的新阶段：商业时代（the Age of Commerce），而在此之前已经历了三个阶段，即猎人时代（the Age of Hunters）、牧羊人时代（the Age of Shepherds）和农业时代（the Age of Agriculture）。[1]

斯密十分关注劳动专业化可能给工人阶级道德带来的负面影响的风险。"照这样看，一个人能够熟练操作自己的特定工作，是以牺牲智力、社会和婚姻美德为代价的"。为了抵御道德风险，他建议创建一个普遍的公立学校体系。斯密直觉地认为，工业社会所带来的可能完全不同，不会是一次从农耕集权社会向宽容的商业社会的转型。事实上，工业社会正准备创造一个自己的世界，与日内瓦和平商人所设想的相去甚远。

现代世界的黎明

工业革命是18世纪后半段才在英格兰出现的。在很长一段时间内，人们都将其称之为一个特例，认为工业革命的出现与利于它滋生的圈地运动、新教伦理等罕见环境有关。不论这种想法听着多么耳熟能详，将现代经济增长看作人类历史在时间和空间上长期成熟后的产物，才是更加准确的说法。不同形式的增长，是人类从一开始便具有的特征。人类仅通过语言就积累了大量知识，这是其他物种做不到的。从

---

〔1〕 尽管英国纺织业的情况唾手可得，斯密还是选用了法国大头针工厂——一家技术并不领先的工厂的著名案例，来阐明他的劳动分工（division of labor）思想。他也没有举蒸汽机的例子。事实上，那个最著名的蒸汽机模型是《国富论》（*The Wealth of Nations*）出版那年制造的。

货币到文字再到印刷的所有重大发明，都让人类建立起一个知识积累的过程。诚然，一些文明停滞不前，有些甚至消失了，但整体进程势头强劲。随之而来的是世界人口不断增长，如果继续照这一趋势发展，人类文明终将遭遇巨大的障碍。两个关键因素把现代世界与以往的文明区分开来：一个是科学革命，它让人类知识进入了全新的加速阶段；另一个是人口过渡，它让人口增长走上了一段不同的进程。现在两者的影响都已波及全球，各地的时间也都在加速，有些人可能会说，时间都不够用了。正是因为搭乘了这辆高速列车，人类就不得不去面对世界有限资源所带来的全新挑战。

第二部分

未来，未来！

第七章　奇点迫近

“19世纪以帆船和蜡烛开始，又以远洋班轮、汽车和电话告终。即便在20世纪初，妇女仍常常死于分娩，儿童常常在婴儿期就夭折；结核病仍被看作是死亡的宣判。卫生、住房条件、工作和教育都处于极其恶劣甚至完全匮乏的状态。”正如古罗马史学家阿尔多·斯契亚沃尼（Aldo Schiavone）总结的那样，就在20世纪出现了一系列让人简直难以置信的发明：“无线电、雷达、电视、原子能、家用电器、晶体管、月球登陆，大众旅游、数字摄影、高清电视、互联网、电子游戏、Web 2.0、X射线、麻醉、磺胺药、阿司匹林、抗生素、口服避孕药、化疗、器官移植、基因工程、人类基因组计划。”[1]

---

[1] 阿尔多·斯契亚沃尼，《历史和命运》（*Storia e destino*），都灵：朱利奥·埃诺迪出版社（Giulio Einaudi Editore），2007年。

1750年之前,人均收入很长时间都少有甚至没有增长。到了1850年,情况就大不同了。欧洲人迈过了曾阻挡罗马人和宋朝人脚步的门槛(依据伊恩·莫里斯衡量),财富指数从40上升到90,把其他文明远远抛在后面。18世纪的荷兰、19世纪的英格兰、20世纪的美国,先后成为各自时代的开拓者。每个阶段的经济增长率都在不断攀升:18世纪0.5%,19世纪1%,20世纪2%。21世纪的增速是否仍能继续翻倍,达到4%呢?基于迈克尔·克雷默在人口增长方面的数据,增长速率持续上升会是一个极具吸引力的假设。这得到了那些"内生增长"(endogenous growth)理论家的支持。他们认为,人口学中相同性质的自我永存机制,同样正在财富创造中发挥着作用,财富将呈指数增长。[1]

关于扩大财富,执教于麻省理工学院的未来学家雷·科兹威尔(Ray Kurzweil)的说法更加激进。他说,时间在不断地加速,且一直在加速。[2] 人类历史每一个主要阶段的出现都比从前快了10倍。四舍五入地计算一下,原始人大致是在1 000万年前出现的,直立人100万年前,智人10万年前,农业1万年前,印刷机1 000年前,电力100年前,互联网是10年前。[3] 人类进步的几个主要阶段——火、石器、农业——都经历了数千年的发展。印刷则经过了一个多世纪。而智能手机仅在十年内就已遍布全球。

科兹威尔认为,下一阶段将于2020年开始,那时计算机将通过图灵测试。也就是说,人将无法区分与自己交谈的是计算机还是人。电

---

[1] 主要的内生增长理论家包括保罗·罗默(Paul Romer)、罗伯特·卢卡斯(Robert Lucas)、菲利普·阿吉翁(Philippe Aghion)、彼得·休伊特(Peter Howitt)、埃尔赫南·赫尔普曼(Elhanan Helpman)和吉恩·格罗斯曼(Gene Grossman)。

[2] 雷·科兹威尔,《奇点迫近》(*The Singularity Is Near*),纽约:维京出版社,2005年。

[3] 综上所述,原始人在700万年前就已经出现,直立人出现于150万年前;中国人于868年发明了印刷术,而古腾堡于1450年重新发明了活字印刷。

子电路比人脑使用的电化学电路快 100 万倍。在科兹威尔看来，伴随着技术的指数增长，对人脑的完美模拟很快就将成为可能。终有一天，大脑所有的记忆都可以存储在一块 USB 闪存驱动器上。人类将能够"存贮"自己的记忆、(也许还能)改变身体，之后还能恢复意识。[1] 到后来，人类所有的智力都是可存储的。这就是奇点(singularity)——人类智力将充满整个宇宙。

科兹威尔预测 2060 年人类物种将发生一场突变。纳米技术可以让"纳米机器人"(分子水平的机器人)逆转衰老过程。"就像造血干细胞能产生血细胞一样，又或者好似肌肉干细胞，我们发现还存在神经干细胞。大脑有再生的潜能，有可以保留至少一部分人类神经元的潜能"。科兹威尔认为，一个超人类的世界(transhuman world)正在形成。他的预言与遗传研究专家、塞莱拉基因公司(Celera Genomics)的创始人克雷格·文特尔(Craig Venter)的观点恰好一致。当文特尔被指责在"扮演上帝的角色"的时候，他的回答是："我们可不是在玩过家家"。美国国防部高级研究计划局(DARPA)隶属美国国防部，负责创建互联网，对超人类项目非常重视。它启动了脑机接口项目(Brain-Computer Interface Project)，旨在运用 DNA 酶和分子而非硅制造计算机，这样就可以将它们植入士兵大脑。由美国国家科学基金会(National Science Foundation)资助的一个项目承诺，该项目将于 2020 年通过网络实现心灵感应。此外，DARPA 向科学界发起了机器人挑战赛(Robotics Challenge)，想要开发一种能够驾驶汽车、清除过道门口垃圾、爬梯子、关阀门、拨动开关的机器人。

---

〔1〕 这显然不同于永生。想象一下，你所有的知识和情绪都被记录在一本大书中。阅读此书的人会继承你的"自我"(self)，但是你不会因此而继续活下去。

那些在 NBIC——即纳米技术(nanotechnology)、生物技术(biotechnology)、信息技术(information technology)和认知科学(cognitive science)的英文首字母缩写——领域工作的人正在寻找心中的圣杯,以便医生能够提前发现遗传疾病并提供适当的治疗。PayPal 的联合创始人彼得·泰尔(Peter Thiel)就将自己的部分资产投资在这些技术领域。此外,比尔·盖茨(Bill Gates)对假肢研究十分感兴趣(他将自己大部分的财富慷慨赠予一个财力在卫生领域胜过世界银行的基金会)。

永续增长

"内生增长"的理论家们很喜欢引用科兹威尔的说法,因为他的观点可以完美论证他们的扩张主义理论。[1] 据摩尔定律[Moore's law,以英特尔联合创始人戈登·摩尔(Gordon Moore)的名字命名],微处理器的性能每 18 个月便会增加一倍,它现已取代了马尔萨斯人口增长理论,成为经济学的基本定律之一。摩尔定律最早是在《电子学》(*Electronics*)杂志的一篇文章中提出的(摩尔 1965 年的最初预测为每年翻一番)。这让我想到科兹威尔引用过的一段有关发明国际象棋的传奇故事,故事发生在 6 世纪印度笈多王(Gupta)的统治时期。为了表示祝贺,国王问国际象棋的发明者想要什么奖赏。发明者回答,他希望在棋盘上放满米粒,第一格上放一粒,第二格放两粒,第三格放四粒,以此类

〔1〕 与过去的人口增长一样,经济增长的加速是内生增长理论家提供的主要证据。他们指出,全球 11 个最富裕的国家在 1700～1978 年,每 10 年的增长率可能都在 50%以上(法国和美国接近 70%)。经济学家威廉·诺德豪斯(William Nordhaus)提供了一个有说服力的例子。他计算了照明成本降低的情况。公元前 38000 年到公元 1750 年,照明从使用动物脂肪或植物油转换为使用煤油,全部照明成本仅下降了 17%。而 19 世纪早期开始使用的蜡烛和鲸油则将价格降低了 87%,每年的改进速率为 0.06%。从 1800 年到 1900 年,由于使用了碳丝灯泡,速率提高了 17 倍,年均 2.3%。到了 20 世纪,由于使用了荧光灯照明,每年的改进速率达到了 6.3%。

推(用数学方法计算,结果应是 $2^{64}-1$,即 1.84×10^{19})。

正如科兹威尔讲述的,那个发明人的要求看似合理,直到来到棋盘的中点。在来到第 32 个方格时,国王已经提供了 40 亿粒米,这相当于一整片普通稻田的产量。在来到棋盘的另一半时,国王终于明白了自己的失策。他彻底完了,人力根本无法兑现他的诺言。在这个故事的一些版本中,发明者最终被处以斩首。正如埃里克·布林约尔松和安德鲁·麦卡菲在《第二次机器革命》[1]中接着说到的,在这个充满无限潜力的世界,我们也同样面临着棋盘的另一半。它的规模之大是我们无法计算的,况且我们算得也没比国王清楚多少。

埃里克·布林约尔松和安德鲁·麦卡菲的长期调查显示了当前创新的巨大潜力。信息革命让信用卡、全自动无线电话、平板显示器和苹果产品成为可能。农民过去是用马拉犁,现在只需驾驶一台 GPS 导航的拖拉机。律师事务所也安装了电脑,用于审查法律文件。位于帕洛阿尔托(Palo Alto)的黑石发现公司(Blackstone Discovery)可提供每月分析 150 万份文件的服务,费用为 10 万美元。另一个取得惊人进展的领域是翻译,莱博智(Lionbridge)和 IBM 联合推出的 GeoFluent 技术似乎已经跨越了语言复杂性的门槛,90%的用户表示对结果感到满意。在另一个完全不同的领域,IBM 制作了一台超级计算机,并在《危险边缘》(*Jeopardy!*)这一档游戏节目中击败了人类对手。在这个节目中,参赛选手必须找到与给定答案相对应的问题。

当我们接近棋盘的另一半时,电脑正变得越来越强大。谷歌(Google)决心在未来技术上书写下浓墨重彩的一笔。法国日报《世界

[1] 埃里克·布林约尔松和安德鲁·麦卡菲,《第二次机器革命》(*The Second Machine Age*),纽约:诺顿出版社,2014 年。

报》(*Le Monde*)总结了谷歌的研究:“测量糖尿病患者眼泪中糖分水平的隐形眼镜、适应帕金森患者震颤的勺子、追踪癌细胞的纳米颗粒,这些都体现出谷歌渴望走在个体化用药的前沿。谷歌 X(Google X)实验室生命科学部的负责人安德鲁·康拉德(Andrew Conrad)说,未来的药物是对患者数据的连续监测。”[1]《时代周刊》(*Time*)的一个封面标题曾问道:“谷歌能解决死亡问题吗?”

未来新事物是什么样子的,谷歌眼镜给了我们一个更好理解的例子。谷歌眼镜有一个始终可见的屏幕(位于前方 2.50 米的虚拟距离),人们通过它阅读电子邮件、浏览新闻、查找 GPS 坐标。谷歌甚至承诺推出一款装有矫正镜片的眼镜型号。谷歌眼镜不仅能让用户看到新的支持图像,这是目前各种屏幕都可以做到的,还能让佩戴者了解正在和自己交谈的人的犯罪记录、个人数据、情绪等所有信息,好似斯蒂芬·斯皮尔伯格(Steven Spielberg)那部反乌托邦电影《少数派报告》(Minority Report)中发生的一样。2010 年 10 月,谷歌宣布已经装备好一台无人驾驶的丰田普锐斯(Prius),并将其开到了美国的高速公路上。这辆车行驶了 20 多万公里,没有发生任何事故,其间,谷歌使用了谷歌地图(Google Maps)和谷歌街景(Google Street View)提供的大量数据。这台电脑驾驶的车辆发生的唯一一次事故是与另一辆车相撞,原因是当时该车司机在绿灯时突然刹车。

“内生增长”理论的先驱之一——保罗·罗默(Paul Romer)将这种乐观态度总结为:“要是没有找到新方法或新想法,每一代人都会因为

---

〔1〕 克罗伊·赫克特斯威乐(Chloé Hecketsweiler),《未来的药物是患者数据的持续监测》(*La médecine du futur, c'est le suivi continu des données du patient*),《世界报》,2015 年 4 月 24 日,http://www.lemonde.fr/economie/article/2015/04/24/andrew-conrad-patron-de-google-life-sciences-la-medecine-du-futur-c-est-le-suivi-continu-des-donnees-du-patient_4622055_3234.html。

资源有限和不良副作用的影响，看到增长的极限。但每一代人又都低估了找到新方法和新想法的潜力。我们始终都搞不清楚，到底有多少想法还有待发现。我们同样弄不明白的是，想法到底有多少种组合。组合的方式不是做加法，而是做乘法。”[1]即使我们承认，新想法经常是旧想法的重新组合，组合的可能性仍是无限的。由此罗默计算出，在一个 52 张牌的游戏中，可能的组合数为 8.06×10^{67}（= 52！，数学上叫做 52 的阶乘），相当于银河系中原子的数量。

借用热衷于新技术的经济史学家乔尔·莫基尔(Joel Mokyr)的说法，数字革命正在重塑发明本身。“大型可搜索数据库、量子化学模拟和高度复杂的统计分析只是数字时代可以任科学随意使用的工具。它们的衍生品无处不在，从分子遗传学到纳米科学再到中世纪诗歌研究……但是现在材料的飞跃式进步远远超过了以往任何时候，包括新树脂、新陶瓷，以及在硅之中(in silico，即在电脑中)设计的纳米技术水平上的新固体。它们可以提供自然界想都没想过、符合客户定制属性的材料”。[2] 莫基尔很快提出，这是一个新青铜或新铁器时代。在手艺学徒制下，威廉·珀金(William Perkin)偶然间发现了一种人造染料——苯胺紫(mauveine)，亨利·贝塞麦(Henry Bessemer)发明了以他的名字命名的炼钢法(1856 年，与珀金制成苯胺紫同年)，而这一路的发展历程我们已走了很久。莫基尔总结道，伽利略望远镜和路易·巴斯德(Louis Pasteur)显微镜现在看来似乎已是久到石器时代的产物了。莫基尔还说：“长期停滞(secular stagnation)，不会出现在你的生活……”

---

[1] 保罗·罗默，《经济增长》，经济学与自由图书馆(Library of Economics and Liberty)网站，http://www.econlib.org/library/Enc1/EconomicGrowth.html。

[2] 乔尔·莫基尔，“今天的经济萧条主张者忘记了什么”(“What Today's Economic Gloomsayers Are Missing”)，《华尔街日报》，2014 年 8 月 8 日，http://www.wsj.com/articles/joel-mokyr-what-todays-economic-gloomsayers-are-missing-1407536487。

第八章　人类劳动何去何从？

技术在做的主要是将原本由人完成的任务数字化。它像一个汹涌前行的海浪，吞没就业机会，颠覆商业运作。那它能走多远呢？

2004年，弗兰克·列维(Frank Levy)和查理德·玛内恩(Richard Murnane)在他们新出版的重要著作《劳动的新分工》(*The New Division of Labor*)中，基于"莫拉维克悖论"(Moravec's paradox)，分析了未来人类劳动和数字劳动各自可能占到的份额。"莫拉维克悖论"明确要求，那些不被数字化替代的体力劳动需要具备良好的感觉运动协调能力。要让计算机通过一场高智力测试(比如下棋)是很容易的，但要让它像一个两岁孩子那样击球却是相当困难。人类再熟悉不过的已达自动化的任务，比如剥鸡蛋前把它在碗边敲一下的动作，绝对比下棋更难编码。

汉斯·莫拉维克(Hans Moravec)认为,这一悖论可能是进化的结果。人类花了数百万年的时间才在感官和感知方面获得优势。数学推理的进步则出现得更晚一些,因此也就更容易复制。极具讽刺的是,从历史上看,人类相对于机器的优势,其实仍然是其早期胜过同属灵长目动物的那些特质。依据这一推理,计算机逼迫人类只能从事自发性和创造性为核心的任务,但电气时代和流水线工作需要的技能却恰恰相反。

卡尔·贝内迪克特·弗雷(Carl Benedikt Frey)和迈克尔·A·奥斯本(Michael A. Osborne)的一份报告被广泛地引用。他们认为47%的工作会遇到被计算机化的威胁。[1] 根据他们这份颇具挑衅意味的研究,面临危险的将会是一些中级职业:会计师、审计师、小商贩、房地产经纪人、秘书、飞行员、经济学家、医务人员。最不受威胁的工作会是心理分析师、牙医,运动员、神职人员和作家。两位作者向我们保证,不会出现数字小说家,因为人类在很长一段时间内还将继续独立完成小说创作。为了说明这一点,弗雷和奥斯本提出了计算机是否能够写出好笑话的问题。计算机要想语出妙语,不仅需要大量已有笑话,还需要一个剔除无意义笑话的算法。目前看来,要做到这点似乎还不可能。同样地,需要用到社会智力或情绪智力的任务也远不会被电脑化。"人类大脑的扫描、测绘和数字化……是一种可能的方法……但目前这还只是一种理论技术"。[2] 两位作者向我们保证,即使因为有了庞大的数据库,大量非常规任务可以完成数字化,那些既需要感知又需要操控

---

〔1〕 卡尔·贝内迪克特·弗雷和迈克尔·A·奥斯本,《就业的未来:工作面对计算机化究竟有多不堪一击?》(*The Future of Employment: How Susceptible Are Jobs to Computerization?*),牛津马丁学院,2013年9月17日,http://www.nigeltodman.com/The_Future_of_Employment.pdf。

〔2〕 同上,第27页。

的任务，又或创造性、社交或情绪智力也暂时不会被计算机化。[1]

茫然的中产阶级

从前，大多数人会认为，那些由工厂或其他地方的工人阶级完成的手工劳动，最有可能实现自动化并被取代。而现在，或许和我们的直觉恰恰相反，中产阶级被视为受信息和通信技术发展影响最主要的群体。[2] 在行政、监督工作和中层管理等领域，计算机将超越人类。为了说明这一点，大卫·奥特尔(David Autor)将美国的工作分为三级：一级由经理、“专业人士”和高技能的技术人员组成；二级工作位于社会等级的中层，包括工头、行政管理者、技术工人；三级是工资最低的工作，主要涉及个人服务和食物准备。

他的结论是什么呢？自次贷危机爆发之后，经济进入大衰退(Great Recession)，而就在此之前的1999～2007年，三级工作却呈两位数的增长。反而是二级工作减少了，从1970年占所有就业的60%下降到2012年的45%。这种现象并非只在美国出现。另一项研究表明，1993～2010年，二级工作的数量在法国下降了9%，在丹麦和英国

---

[1] 卡斯帕罗夫(Kasparov)和深蓝(Deep Blue)之间的那场著名对战现在已没那么受人关注了，因为计算机每一次都赢。但自由式比赛(比赛双方均是棋手与电脑的组合。——译者注)仍然很有趣。最好的团队并不是顶级配置的电脑与特级大师的组合，而是(根据卡斯帕罗夫的说法)两位不错的业余选手同三台电脑的组合。目前的问题不再是如何与机器对抗，而是如何与它一起玩。参见泰勒·考恩(Tyler Cowen)，《平均时代的终结》(*Average Is Over*)，纽约：企鹅出版社，2013年。

[2] 建筑业就是机器无法完全替代人的一个范例。运用在房屋建造中的电脑辅助技术让工人受益匪浅，但最终人类的眼光和判断依然不可或缺。

下降了10%,在德国下降了7%。[1] 在大衰退时期,二级工作同样经历了最低幅度的增长,在一些国家甚至是负增长。奥特尔的分析是比较激进的:与中层岗位相比,对非熟练劳动力的需求并没有下降。中产阶级是在工业社会发展过程中(私人以及公共部门的)官僚化出现之后出现的。在一定程度上,数字化创新正在大量削减这些工作的成本。

三级工作的不断发展带来的应该是三级工作薪酬的不断增加。然而,随着二级工作的消失,劳动力下行的压力阻止了这种增长。同时,另一端1%最富有的人的薪水却急速增长,不过这并没有带来就业的逆流涨势。至少部分二级工作从业者应能够成功晋升到报酬最高的一级工作,可为什么没有呢?

第一个原因可能是,让大批新生力量去申请最好的工作是需要时间的。在美国,申请好工作的人数并不多,这一点很让人吃惊。或许二级工作的减少,给那些原本希望继续学业的学生发出了反对的信号。另一个解释是"赢者通吃"的观念。在后工业社会,薪酬模式倾向于把一切都留给第一名,第二名什么都拿不到。20世纪80年代初,美国的舍温·罗森(Sherwin Rosen)和法国的弗朗索瓦丝·本哈默(Françoise Benhamou)对明星制度(star system)进行了分析。这个制度也被称为"帕瓦罗蒂效应"(Pavarotti effect)——为什么要购买最优秀的艺术家之外其他人的专辑呢?这一现象在同博物馆、书籍、运动员、医生、律师、企业主等有关的领域随处可见。信息过剩社会的经济是以声誉为

[1] 马尔滕·戈斯(Maarten Goos)、艾伦·曼宁(Alan Manning)和安娜·所罗门(Anna Salomons),"解释工作两极化:偏向日常工作的技术变革和离岸外包"("Explaining Job Polarization: Routine-biased Technological Change and Offshoring"),《美国经济评论》(*American Economic Review*),第104卷,第8期(2014年8月):第2509—2526页。

基础的，而这一声誉令最优秀者的报酬呈现不成比例的增长。无论是什么样的机制，结果是不可改变的。就业市场的两端形成了巨大的不对称：高端工作的工资不断上涨，低端工作的岗位数量上升、工资却毫无变化。而位于两者之间的中产阶级却正在消失。

第九章　增长消失了？

当今世界正逐步实现全数字化，就像曾经的全电气化一样。然而，我们这个时代的中心悖论是：对数字革命的承诺并没有体现在经济增长的统计数据上。发达国家的人均经济增长继续下降。在过去30年，欧洲人均增速从20世纪70年代的3%下降到了90年代的1.5%，再到2001～2013年的0.5%。[1] 同期90%的美国人口的经济增长为零。[2]

但我们的技术还是取得了长足的发展。第一台办公电脑投入使用

〔1〕 法国、德国和意大利的（加权）平均数，来自经济合作与发展组织（OECD）的数据。

〔2〕 1980～2010年，90%最贫困家庭的收入实际上是负增长，从33 500美元下降到31 600美元（根据通货膨胀率进行调整，且不考虑劳动妇女人数的增加）。参见伊曼纽尔·赛斯（Emmanuel Saez），http://eml.berkeley.edu/～/saez/TabFig2013prel.xls，收入增长表。在此期间，收入中位数（即处于分布正中间的家庭收入）实则停滞不前（平均每年增加0.1%）。如果考虑到医疗费用的贡献，收入中位数则每年上涨0.4%。参见《经济顾问委员会总统经济报告》，2015年。

时，秘书们敲击出了数千页没有错误的文件，而这些工作现在已被淘汰。从前，计算机数据是存储在穿孔卡片上的。音乐是录制在密纹唱片上的。没有人能够想象一个火柴盒大小的物件可以存放几千首歌曲。信件都是邮寄的，回信要几天后才能收到。要接一个重要电话，你必须候在电话旁边。如果对比这些转变，就算是 20 世纪 80 年代看起来也像石器时代般久远。尽管如此，自第一台 IBM 个人电脑问世以来，经济方面却并未取得巨大发展。对于绝大多数发达国家来说，收入停滞已成为一个普遍规律。

经济学家罗伯特·戈登率先发起了一场反对“内生增长”理论家扩张主义思想的改革运动。[1] 他讽刺地指出，20 世纪 50～60 年代科幻小说中预示的重大变革都没有发生。我们既没有乘着个人飞行汽车出行，也没有实现远距传送(teleportation)亦或住在火星上。与 20 世纪的卓越创新相比，只有智能手机还算是和早先发明一样具有革命性。对戈登而言，互联网泡沫是一个特殊事件，其影响已经消散。“生活变得更加愉快，我们有更多可以消费的东西，但是比起前两三代，物质进步的速度却减慢了”。

戈登明确提出，20 世纪的蓬勃发展不会在 21 世纪重演。他以运输为例指出，自 1958 年以来，出行速度并未增长，甚至有所倒退，飞机的飞行速度并不比 40 年前快。燃料消耗少了，噪音降低了，但这也只是减少了出行方式本身造成的污染，这与满足新需求完全是两回事。[2]

---

〔1〕 经济增长是罗伯特·戈登的《美国增长的兴衰：内战以来的美国生活标准》(*Rise and Fall of American Growth: The American Standard of Living since the Civil War*)(普林斯顿：普林斯顿大学出版社，2016 年)一书的主题。

〔2〕 正如戈登所说，直到 1830 年，人类的出行速度都是由“脚或帆”决定的。之后，速度不断提升，直到波音 707 的发明。自此，出行速度停滞不前。

戈登认为，社会的计算机化带来了一场重大但也短暂的飞跃。从消费者的角度来看，主要的发明都围绕着史蒂夫·乔布斯(Steve Jobs)的个性和他的 iPod、iPhone 和 iPad 系列。它们外观漂亮、体积精巧、设计有趣，但重要性却与之前的发明无法相提并论。两次工业革命的增长潜力经过近一个世纪才被耗尽，计算机革命的潜力却很可能以更快的速度枯竭殆尽。因此，戈登颇为挑衅地提出：在 20 世纪的大众消费中，增长的观念正从我们眼前消失，尽管我们并未做好承认这一点的准备。

事实上，纵观过去 50 年的重大消费变化，我们并没有发现翻天覆地的转变。就美国而言，最显著的变化是食品和饮料的成本，它从 1959 年的 19.4%下降到 2009 年的 7.8%，而医疗服务的成本同期从 5.9%上升到为 19.7%。其他所有项目基本保持稳定(其他较明显的变化包括耐用品下降 4%以及金融服务的相应增加)。[1]

早期创新浪潮引发的革命则大为不同。1880～1940 年，世界面貌发生了真正的改变。1876 年，亚历山大·格雷厄姆·贝尔(Alexander Graham Bell)发明了电话。1879 年，托马斯·爱迪生(Thomas Edison)发明了电灯泡，卡尔·本茨(Karl Benz)发明了内燃机。紧接着在 1895 年，卢米埃尔(Lumière)兄弟发明了电影。而后的 1910 年，马可尼(Marconi)发明了无线电报。电梯、家用电器、空调等应电力而生的发明颠覆了人类的生存条件。所有这些创新早在 1929 年之前就已实现，至少在美国的城市地区如此。

1870～1900 年短短几十年内，美国公共排污系统的使用量增加了

---

[1] "消费支出和个人储蓄的趋势，1959－2009"("Trends in Consumer Spending and Personal Saving，1959－2009")，克林顿·麦克卡利(Clinton McCully)，《当代商业纵览》(*Survey of Current Business*)，2011 年 6 月。

9倍。1890～1900年,芝加哥“L”地铁(The L)和纽约地铁彻底改变了城市地理。汽车的使用标志着城乡隔离的结束及城郊文化的开始。1946年,第一批电视节目播出。再加18个世纪铁路、蒸汽机、电报、电话,以及因使用拖拉机和化肥而提高的农业生产力等创新进步,我们可以清楚看到,一场大型风暴已全面席卷欧洲各国及其殖民地。

过去的一个世纪,这些大变革已经转化为美国2%的人均年收入增长率。戈登认为,到了21世纪,增长势头毫无疑问将(大幅)减弱,至少对于美国中产阶级是如此。他的中心结论是,过去40年(1972～2014年)的增长水平已成为一个新标准。1973年以来的“缓慢”发展实际上是回归均值的过程,回归到诸如19世纪末到20世纪20年代的普遍增长速率。〔1〕

增长是否能重新恢复?是否正如《第二次机器革命》的作者们预测的,我们正在走向棋盘的另一半?乔尔·莫基尔等技术控们提醒我们,科学进步是不可预测的。如果没有1820年显微镜的发明,巴斯德就不可能发现他的微生物理论。网络需要谷歌具备其他功能,绝不仅限于便捷地发送邮件。保罗·大卫(Paul David)的工作也提醒我们,颠覆性技术的传播可能要花上几十年的时间。〔2〕

戈登列举了许多人曾犯过的错误,他们都说各自所在部门的创新已走到头了。现在我们权当笑话来听听吧。1876年,西部联盟电报公

---

〔1〕 1891～1972年,美国工人的小时生产率每年增加2.36%。自1972年以来,增幅明显减缓,降至每年1.59%。这一数字还得主要归功于互联网泡沫引发的突发性增长。1996～2004年,小时生产率出现惊人的增长,年增速为2.54%。人们认为新的增长周期出现了。除了这一时期的增长,小时生产率的增速更加缓慢,仅为每年1.4%,比先前水平降低了近1个百分点。按照戈登的说法,如果这种潜在的增长成为新的标准,那么一旦综合考虑人口、教育和不平等的因素,“工薪阶层美国人”的增长前景则不复存在。在他看来,美国生产率的提高实际主要来自于找出并解雇那些毫无生产力的劳动者。

〔2〕 保罗·大卫,“发电机和计算机”(“The Dynamo and the Computer”),《美国经济评论》会议论文,1990年5月。

司(Western Union)的一个备忘录中记载，电话缺点太多，不会成为可靠的通信工具。1927 年，就在第一部有声电影《爵士歌王》(*The Jazz Singer*)发行的前一年，华纳兄弟公司负责人质问："真有谁想听演员说话吗?"1943 年，IBM 总裁预估全球电脑市场的规模只有 5 台。1981 年，比尔・盖茨(Bill Gates)在推广软盘(diskette)时，认为每单位 640 千字节的内存容量便已足够，而现在最小的 U 盘容量也已达到它的 1 万倍(目前我们以千兆字节计算，相当于 100 万千字节)。最后一个例子是，1992 年，比尔・克林顿召集了最聪明的智囊一起探讨未来，却没有一人提到互联网。

戈登补充说，但像儒勒・凡尔纳(Jules Verne)这样有远见的人确实预见到了即将到来的世界。更讽刺的是，他引用了 1900 年出版的一期《妇女家庭杂志》(*Ladies Home Journal*)，该期杂志曾预言空调、汽车、冰箱等许多发明已在制作之中。戈登也试着同儒勒・凡尔纳一样对未来进行了预测，他指出，最常出现在发明清单上的项目应是微型机器人、3D 打印机、大数据、无人驾驶汽车和医学创新。在健康领域，阿尔茨海默等脑疾病和传染性疾病将在 21 世纪取得进展(例如找到艾滋病疫苗)。问题的关键不在于这些创新是否会被忽略，而在于人们能否理解这些创新对整个社会产生的潜在影响。技术乐观主义者预测将要发生一场革命，但却低估了已经发生的革命。戈登认为，如果创新能够持续过去 30 年的发展速率，其结果将是惊人的。可即便如此，也不会出现更多增长或更多 GDP，而人们经常错误地将两者混为一谈。

GDP 的再思考

国内生产总值(GDP)被用来衡量一个国家在特定时期内所生产的所有商品和服务的市场价值,也被指责无法恰当地衡量当前的变化。数字革命的很多收益是免费的,因此并不纳入统计。增长于是也就被低估。发展领域的资深经济学家安格斯·迪顿(Angus Deaton)指出,我们拥有智能手机,数百种电视节目唾手可得,还能一天 24 小时地使用取款机,却并没有很好地评估这些优势。[1] 当迪顿的父母离开故乡苏格兰、移民加拿大和澳大利亚时,未曾设想还能再次和家人相见。现代交通的革命让亲人分离变得不再那么痛苦。

戈登对这种反对意见的回应是,GDP 的价值一直被低估。直到 1935 年,汽车才被纳入美国价格指数。电力、电梯、地铁和替代马车的汽车都是颠覆了城市生活的重大创新,但除了安装成本,并没有在 GDP 中得到体现。

统计分析并未充分体现当代世界的一个主要方面。维基百科等在线百科全书、Google 收集的数据以及在 Facebook 上交流的乐趣都是免费的;这些最多通过浏览广告或收集客户信息便可换得,而这又令流量转向旧经济。

这一发展带来了好消息,也带来了坏消息:好消息是互联网提供的服务没有任何成本,增加了购买力;坏消息是它不会创造大量工作。即使在今天,Google、Facebook 和 Twitter 雇用的所有员工也不到 10 万

---

[1] 安格斯·迪顿,《胜利大逃亡》(*The Great Escape*),普林斯顿:普林斯顿大学出版社,2013 年。

人,是通用汽车(General Motors)雇员数量的一半。经济学家爱德华·格莱泽(Edward Glaeser)的一句话完美总结了这种情况:“高薪工人不断努力改善着向数以亿计更贫穷的用户提供的免费服务。”[1]

争论的另一个方面在公共领域。GDP以成本衡量这一领域的工作。公立医院的医生对GDP的贡献就是以工资来测量的,[2]而医生对预期寿命的延长却从未被计入生产力[3]。老师或博物馆保安的情况也是如此。有人认为,真正的GDP被低估了,但也有人不这么认为。

但这不是最根本的问题。现代经济的前沿并不是我们通常所讲的商业部门,而是产品免费常态化的数字世界,是处于公共领域的教育和卫生行业。与GDP有关的问题不是统计方法的问题,而是与之相关的福祉问题。依照戈登的推理,洗衣机对女性的生活产生了巨大影响,而iPad只是好玩而已。但GDP并不能解释其中的原因。

---

[1] 爱德华·格莱泽,“长期失业”(“Secular Joblessness”),选自《长期停滞:事实、原因和对策》(*Secular Stagnation: Facts, Causes and Cures*),由科恩·特林斯(Coen Teulings)和理查德·鲍德温(Richard Baldwin)编辑,华盛顿特区:经济和政策研究中心,2014年,http://voxeu.org/content/secular－stagnation－facts－causes－and－cures。

[2] 因为GDP按照成本测量公职人员的产出,所以降低教师和(法国)医生的薪水就降低了他们对(测量所得的)财富贡献,降低了他们表面上的生产力,而后者是由每个工作时间创造的财富决定的。

[3] 理查德·兰德斯(Richard Landes)注意到了眼镜的发明对欧洲生产力产生的巨大影响。它们让许多工作需要良好视力的工匠在更长的时间内创造生产力。矛盾的是,因为它满足了这些需求,现在医疗保健被认为是必须削减的成本。

第十章　马克思在好莱坞

戈登的悲观主义追随了从马尔萨斯到约翰·斯图亚特·密尔(John Stuart Mill)再到卡尔·马克思(Karl Marx)的古典经济学家们的伟大传统。马克思宣布“定常状态”(Stationary regime)即将到来，这也意味着增长即将结束。马克思并不认同马尔萨斯人口学对贫穷的解释，但他的确采纳了这些解释的主要结论：“不管工资水平如何，工人的状况必将随着资本积累而恶化。”对马克思而言，贫穷不是生物学现象，而是一种社会现象，机器就是任由资本家用来让工薪阶层身处贫困的工具之一。著名的古典经济学家大卫·李嘉图(David Ricardo)在《政治经济学及赋税原理》(1817)中特意增加了一章内容，以展示机器对劳动报酬模糊不清的影响。

人们对机器的恐惧可以追溯到很久以前。据说罗马皇帝戴克里先

(Diocletian)就曾禁止使用一台抬升柱子的机器,因为他不想"剥夺人民的谋生方式"。很久之后的1811年,卢德派(Luddites)——一群英国纺织工人,捣毁了新的动力织机,以抗议机器对他们的生计构成的威胁。[1] 这只是众多例子中的两个。到了20世纪下半叶,经济学家试图要缓解人们对机器的恐惧。以发展理论家罗伯特·索罗(Robert Solow)为首的经济学家们认为,机器使劳动者的生产力更高,从而使他们从增长成果中受益。1945～1975年,尽管机械化达到最高峰,失业率却处于最低水平。从而证明了机器的潜在优势:通过提高工人的生产力提升工人的工资。

因此,增长理论家们的观点依赖于"机器补充了劳动力"这一重要假设。如果两者像咖啡和糖一样,对于最终产品都是必要的,则一个就是另一个的补充。相反,如果两者像茶和咖啡一样,只需二选一,则是可被替换的。然而,今天的问题不是"机器是否取代工人",而是调查他们取代了哪些任务,又保留了哪些。

经济学家大卫·奥托(David Autor)强调了这种情况的不确定性。根据一项调查,63%的经济学家声称"自动化"不会导致失业,但是43%的人同意新的信息和通信技术是造成美国工资停滞的原因(30%尚未做出决定)。正如布林约尔松和麦卡菲所说的,经济学家们(向自己)隐藏了一个"龌龊的小秘密":没有什么能保证每个人都能从技术进步中获益。

---

〔1〕 华西里·列昂惕夫(Wassily Leontief)将人类的角色比作马。长久以来马都是不可或缺的,但最终却不再是一种生产资料。矛盾的是,马从未像在19世纪工业革命时期那样被如此频繁地使用,不论是在(马粪随处可见的)城市、在农村,还是在战场上。而后突然间,随着地铁、汽车和拖拉机的出现,马就几乎从人们的视线中消失了。

索维模型

人们通常用失业率来分析机器的破坏性——机器取代了那些被指责为无所事事的工人。或许社会中的工作数量有限，机器的使用又不断减少了这些有限的机会，然而这一点很容易遭到反驳。[1] 事实上，技术进步增加了购买力，从而让新工作的出现成为可能。阿尔弗雷德·索维(Alfred Sauvy)在《机器和失业》[2]中明确提出了这一点，将其称为"溢出"：工作必须从机器能够完成的领域迁移到机器不能完成的领域。正如当初农村向城市的转移那般，这种迁移可能是漫长而艰难的，但也是不可避免的。今天我们要说，劳动力必须从可以数字化的工作转移到不能数字化的工作。但问题是：如果存活下来的工作是技术进步带来的，那么经济的增长潜力又在何方？为了找到答案，让我们看一个受索维启发得来的简化模型。

设想一个经济体最初由两个规模相同的部门构成。一半的工人，比如 100 人在 A 部门工作，另一半在 B 部门工作。假设一场技术革命取消了 A 部门的所有工作(根据弗雷和奥斯本的说法，数字化结果处于此数量级)，A 部门的雇员必须转移到 B 部门，因此在转移结束时，B 部门的规模扩大了一倍。类似的剧变例子还有 20 世纪农业工作向工业的流失，以及后来工业工作向服务业的流失。我们应当如何分析这

---

〔1〕 许多例子证明，意外增加的工人人数最终都会回落。例如 20 世纪 60 年代的法国，在阿尔及利亚战争结束后回到法国本土的"pieds noirs"(长期居住在北非的欧洲人及其后代)并未显著增加定居地区的失业率。实际的相关变量是失业率(5%、10%?)，而不是失业人数。我在《我们的摩登时代》(*Nos temps modernes*)[巴黎：弗拉马里翁(Flammarion)出版社，2002 年]一书中提到了关于劳动力终结的理论。

〔2〕 阿尔弗雷德·索维，《机器和失业：技术进步与就业》(*La machine et le chômage：Les progrès techniques et lemplo*)，巴黎：博尔达(Bordas)/ 迪诺(Dunod)出版社，1980 年。

种“溢出”的后果？经济在增长和分配方面又呈现什么样的特性？

为了量化数量级，在此例中我们可以假设，工作从A部门转移到B部门需要50年，相当于从1980年到2030年的时间跨度。在这段时间内，占据一半经济的A部门将实现生产力的无限增长，因为曾经由100名工人完成的劳动现在只需计算机就能完成。这段时间将平均实现多少增长呢？假定在技术革命之前，A部门和B部门的每位工人都创造一个单位的GDP。那么GDP的初值就是200。50年后，GDP的值是多少？A部门无需任何工人即可生产出原先的100个单位，而B部门的规模则翻了一番，现在可生产200个单位。总的来看，50年后GDP已经从200个单位增加到300个单位。因此，GDP增长了150%。这个增幅颇大，但也意味着每年的增长率只有0.8%，与戈登所说的悲观情况差不多。

这怎么可能呢？一半的经济经历了生产力的无限增长，最终年平均增长率却不到1%。这一令人失望的结果得归因于一个关键因素。在上述例子中，我们假设所有的效率收益都在A部门，而B部门工人的生产力没有改善。在这个例子中，软件轻而易举地取代了工人，而那些被取代的工人并没有提高工作效率。让·博丹(Jean Bodin)在16世纪就曾说过：“唯一的财富就是人”。如果工人的个人生产力不增加，增长势头必然缓慢。

从底特律到好莱坞

威廉·鲍莫尔(William Baumol)提出了一个与索维非常相似的模

型,来解释20世纪60年代表演艺术领域的危机。[1] 当时的戏剧演员、舞蹈家和管弦乐队的音乐家面临着来自更多产的媒体的无情竞争,最优秀的艺术大师的录音可以几乎无成本地在全球流通,数百万的家庭只需增加很少的预算就可以观看电视中播放的电影。这里,好莱坞就是我们模式中的A部门。一些明星和工作室几乎毫无成本即可让文化产品遍布全球,通过广播电视或有线电视进入各个家庭。相反,普通演员和那些现场表演、戏剧或舞蹈演出中的演员,不会从生产力的提高中获益。剧团制作《理查三世》、讲述"国王之死的悲伤故事"的成本,在现在和过去是一样的。面对一个便宜、另一个昂贵的可替代产品间的选择,消费者没什么好犹豫的。

在这个例子中,是好莱坞明星让戏剧演员变得贫困。他们就像A部门的软件一样,是技术的化身,无需工人即可生产商品。与之相比,舞台演员生产商品时不使用技术。在这种情况下,从技术进步中获利的明星就是资本家。而与明星竞争的演员就是无产者,他们经常不得不再找一份工作,比如当一名服务员或老师。[2]

这种情况完全不同于前面提到的农业向工业的转型。1900年,美国40%的从业人口从事的是农业部门的工作,现在这一数字是2%。这种转型是一个成功"溢出"的模型。原因很明显:农民(我们例子中的A部门)转移到工业部门工作(B部门),但与前面的例子不同的是,B部门本身正在经历一个生产力增长的阶段。20世纪上半叶的革命综合了两种力量:农业机械化和工业生产力的激增。

---

〔1〕 威廉·鲍莫尔和威廉·鲍恩(William Bowen),《表演艺术:经济学的困境》(*Performing Arts: The Economic Dilemma*),马萨诸塞州剑桥:麻省理工学院出版社,1966年。鲍莫尔的理论被称为"成本病"(cost disease)。

〔2〕 鲍莫尔和鲍恩在书中指出,大多数现场表演者必须再找一份职业。

目前正在进行的转型则不同。在大多数情况下,工人已经从工业转到服务业,而莫拉维克悖论留给人们的服务业工作现在正在发生转变。问题是,被取代的工人怎么办?例如,如果他们只能做外送比萨的工作,那么结果就很清楚了:增长的潜力将大幅下降。

索维模型也说明了为什么增长不但缓慢,而且可能非常不平等。如果软件制造商获取了A部门的所有利润,那么工人的工资水平就会停滞不前,因为他们生产的GDP单位数同以前一样。即使假设A部门的软件制造商只保留了部分利润——比如一半——超级富豪的利润也会涨到GDP的15%以上。其余经济领域的年增长仅为0.4%。这与美国的真实数字非常接近。

美国实际上是两个国家。第一个国家呈现了亚洲式的高速增长,居住着最富有的1%的人口,最近30年的年增长率始终接近7%。第二个国家住着剩下的99%的人口,处于“欧洲式”的增长水平,增幅处于1%至1.5%之间。[1]

---

[1] 1993~2012年,美国最富有的1%的阶层控制着70%的收入增长。伊曼努尔·赛斯(Emmanuel Saez),《大发其财》(*Striking It Richer*),加州大学伯克利分校,2015年1月更新,eml. berkeley. edu/~saez/saez-UStopincomes-2013. pdf。

第十一章 21世纪之初的资本

由于数字技术的影响,我们开始思考资本这一关键概念。正是有了托马斯·皮凯蒂(Thomas Piketty)经过艰苦卓越的研究得到的数据,资本才重新得到重视。[1] 近来有两个现象同时出现:一个是收入不平等的不断加剧,在美国尤为严重;另一个是大多数国有金融资产的不断上涨。毫无疑问,这两个现象相互关联。问题在于它们是如何关联的。

关联机制的一种可能的解释是,收入不平等的加剧会孕育一批资产不断累积的暴发户。对工人而言,这些暴发户的资本形成了一股破坏力,至少体现在对用于替代工人的新技术的投资上。这进而引发了

---

〔1〕 托马斯·皮凯蒂,《21世纪资本论》(*Le Capital au XXIe siècle*),巴黎:瑟伊出版社,2013年。

新一轮的不平等。该解释的问题在于，资产的建立是无处不在的，即使在几乎不存在不平等加剧现象的国家也是如此。例如，1980～2010年，美国最富有的1%的人的总收入份额从7%激增到20%，而法国的增长则微乎其微，同期只从7%上升到8%。相反，法国的资产（以占GDP的百分比来计）已从360%上升到600%，而美国的增长则有限得多，从380%上升到430%。我们该如何理解这一如此令人惊讶的悖论呢？

答案就在资产的重要组成部分——房地产。经济学家艾蒂安·华斯默（Étienne Wasmer）等人[1]通过分析皮凯蒂的数据提出，资产爆炸式增长的原因不是资本的固有盈利能力，而是房价（相对于租金）的上涨。法国的房地产价值相对更高，因为法国的房地产泡沫没有像美国一样破裂。相反，这两个国家投资商业的资本仍然稳固在一小部分附加价值上，（和大多数国家一样）约占GDP的200%。因为与更传统的技术相比，新技术的实施成本通常较低，所以尽管数字化程度越来越高，生产资本的价值却并没有增加。

要想理解金融财富的增长，我们需要换一种解释方式。而在明白其中的逻辑之前，我们必须先花点时间认识另一个概念。

长期停滞

哈佛大学经济学家、美国财政部前秘书长拉里·萨默斯（Larry

〔1〕奥德兰·班内特（Odran Bonnet）、皮埃尔－亨利·波诺（Pierre－Henri Bono）、纪尧姆·沙佩勒（Guillaume Chapelle）和艾蒂安·华斯默，“住房资本是否造成了不平等？回顾托马斯·皮凯蒂的〈21世纪资本论〉”（“Le capital logement contribue-t-il aux inégalités? Retour sur Le Capital au XXIe siècle de T. Piketty”），巴黎政治学院，公共政策评估跨学科实验室，工作文件No. 25(2014)。

Summers)在2013年11月向国际货币基金组织(IMF)发表讲话时介绍了一个现已颇有影响力的术语:“长期停滞”(secular stagnation)。他的这一表述取自另一位美国经济学家阿尔文·汉森(Alvin Hansen)1938年刚当选美国经济协会主席之后的一个演讲题目。汉森因把凯恩斯的观点引入美国而闻名。在他看来,美国人口增长放缓是导致经济增长放缓的主要因素,而经济增长已经不再由家庭用品的需求推动。汉森总结说,只有不断大力促进消费者需求,才能避免长期的经济停滞和通货紧缩。

通货紧缩的风险,或者说通货膨胀的消失,也是萨默斯分析的出发点。出于某种原因,通货膨胀突然从监测雷达图上消失。这可能有几种解释,但最直接的是为了应对数字化世界以及由此产生的临时性(日常)工作造成的工资大幅下降的压力。多数情况下,通货膨胀不是一种货币现象,而是一种工资现象。为了应对通胀疲软,货币当局必须下调利率来刺激增长。问题是,利率是不大可能降到零值以下的。这在经济文献中被称为“零利率下限”(Zero Lower Bound)。正是在这种背景下,萨默斯宣布“长期停滞”的归来,这是当前货币政策无法促进经济发展的一个标志。

低利率的另一个问题是,它会催生金融泡沫。以住房为例。当利率下降时,抵押贷款的成本也会下降。购房者的购买力便会上涨,至少最初是如此。这不可避免地引发了房地产价格的上涨,利率从10%下降到1%可能会令房地产价格上涨9倍。[1] 这一推理适用于所有金融资产。自1980年以来,美国股指实际增长了9倍。1/3的增长源于利润的增加,2/3便是受与更低利率有关的估价的影响。

因此,资产上涨与收入不平等之间的关系可以总结为:软件给工资施加了下行压力,于是通货膨胀和利率都会下降。而最终获利的是资产,无论是金融资产还是房地产资产。因此,是工资下降导致了资产上涨,而不是资产上涨导致了工资下降。这也解释了为什么数字时代的增长不时地被泡沫和崩溃打断。[2]

---

〔1〕 设想一套公寓每年有1 000美元的租金收入。利率是10%还是1%,其资产价值完全不同。如果利率为10%,则公寓的价值为1万美元,因为该价格下每年的收益为10%。但如果利率为1%,那么公寓就价值10万美元,因为这个价格下的回报率(房租仍然是1 000美元)下降到理想水平的1%。通过降低利率带来的增长是惊人的(在这个例子中是10倍),利率降低后工资通胀基本就会自动降低。请注意,房地产的收益会崩塌。资产增加后,利润不会增加,反而减少。

〔2〕 当利率低于经济增长率时,理论上就会出现泡沫。参见让·梯若尔(Jean Tirole),"资产泡沫和世代交叠模型"(Asset bubbles and Overlapping Generations),《计量经济学》,第53卷,第6期,1985年11月。

第十二章　新的崩坏

富裕经济体(西方和日本)陷入“长期停滞”的同时,发展中国家却经历了惊人的增长。自 20 世纪 90 年代中期以来,发展中国家年增长率始终在 4%以上,这一数字已接近法国 1945～1975 年辉煌 30 年的记录。内生增长理论家曾大胆做出增长率将要翻一番的猜测。纵观全球,此预测早已变为现实。我们正在走向人类历史的第三次大爆炸:人口最多的国家将迎来人均收入的迅猛增长。

长期以来,发展中国家的人口增长制约了自身发展。影响范围有据可查。埃及是一个伊斯兰国家,1913 年有 1 300 万居民,现在人口为 7 000 万,2025 年将达到 1 亿。主要信奉天主教的巴西人口从 1950 年的 5 000 万增长到目前的 1.5 亿。20 世纪初到 20 世纪末的百年间,印度居民人数从 3 亿增加到了超过 10 亿。

这一地震式的巨变被另一个悄无声息发生的全球性奇迹抵消了：人类生育率突然下降。以埃及为例。1950 年，一名埃及女性平均生育 7 名儿童；这一数字现在是 3.4。按照目前的速度，毫无疑问人口过渡（指出生率降低到每位女性生育子女的数目少于 2.1 个，之后人口便开始减少）到 2025 年即可完成。人口最多的穆斯林国家——印度尼西亚也是如此：1950 年，平均每位女性有 5.5 个孩子；这一数字现已下降到 2.6，人口过渡就在眼前。同期，印度也经历了相同的变化：生育率从每位女性生育 6 人下降到 3.3 人。根据联合国的预测，全球性的人口过渡最迟将在 2050 年实现；届时，地球人口势必将开始减少。[1]

我们该如何理解这一过渡所代表的"奇迹"呢？经济学家将其看作增长前景改善的结果。女性获得了更高的工资，于是选择少生孩子，因为她们不再简单地充当生殖角色，而是有其他有意义的事情去完成。在芝加哥大学经济学和社会学教授加里·贝克尔看来，或许这将开启一个良性循环。[2] 家里的孩子少了，父母能够给予每个孩子更好的照顾。他们送孩子去上学，保证孩子们有一个更美好的未来，于是增长前景得以改善。这个理论很好，但并不适用于所有实际情况。在一些物质条件几乎毫无改善的地区，同样出现了人口过渡。人口过渡在农村出现了，在城市也出现了，不论那里的女性是否工作。

联合国人口学家主要从文化层面给出了解释。全球女性都从电视上看到了令她们着迷的理想生活：即西方或日本女性的生活，（屏幕上的）女性形象已成为她们所渴望的女性自由的目标。在巴西，肥皂剧的

[1] 非洲看似是一个例外，但实际上也并非例外。根据联合国的数据，非洲的生育率从每个女性生育 7 人下降到 5 人，这一趋势会继续持续下去，到 2050 年将达到 2.5 人。巴基斯坦则是一个反例，有时掩盖了其他穆斯林国家正在发生的转变。

[2] 加里·贝克尔，《家庭论》(*A Treatise on the Family*)，马萨诸塞州剑桥：哈佛大学出版社，1981 年。

影响力已经超过教会,而这确实阻碍了计划生育。[1] 这种变化是心态上的,而不(仅仅)是财政激励上的,这也就解释了为什么人口过渡会出现。

尽管富裕国家正面临着两大内部困难——一是经济增长放缓,二是不平等加剧,但世界总体上正朝着相反的方向发展:全球经济增长强劲,全球不平等正在减少。[2] 从这一角度来看,第三世界产生的新财富是个非常好的消息。但很不幸,事实并非如此。新财富与保护地球之间并不相容。如果中国也按照美国人的消费习惯来,2030 年之前它将消耗掉目前全球可使用粮食产量的 2/3。如果中国的纸张消费量达到美国的水平,它将消耗掉 3 亿吨的纸张,足以吞噬全球森林覆盖。如果和美国人一样,某天中国人每 4 个居民就拥有 3 辆车,那么高速公路网和停车场必要的基础设施将会超过目前用于种植水稻的土地表面积。[3] 正如莱斯特 · 布朗总结的那样,"西方经济模式……不适用于中国 2031 年的 14.5 亿人口。"显然,它在印度也行不通,那时的印度人口将超过中国。[4]

---

〔1〕 参见埃利安娜 · 拉 · 费拉拉(Eliana La Ferrara)、阿尔贝托 · 冲(Alberto Chong)和苏珊娜 · 杜里埃(Suzanne Duryea),《肥皂剧与生育率:来自巴西的证据》(*Soap Operas and Fertility: Evidence from Brazil*),伦敦:经济政策研究中心,2008 年。

〔2〕 然而,仍有 10 亿人口处于贫困状态,生活水平仅为每天 1 美元,这一人数相当于 1800 年的全球人口。贫困仍大范围存在,减贫只是相对而言。不过我们的判断也(几乎)总是相对而言的。

〔3〕 全球粮食短缺的原因之一是农作物和燃料正在抢夺耕地资源。荒谬的是,燃料工业还享有政府补贴。

〔4〕 莱斯特 · R. 布朗(Lester R. Brown),《B 模式 2.0:拯救地球 延续文明》(*Plan B 2.0: Rescuing a Planet under Stress and a Civilization in Trouble*),盖洛德 · 尼尔森(Gaylord Nelson)回顾性系列讲座,2006 年 4 月 20 日,第 10 页,https://www.nelson.wisc.edu/docs/brown.pdf,摘自莱斯特 · R · 布朗,《B 模式 2.0:拯救地球 延续文明》纽约:诺顿出版社,2006 年。

全球变暖

1827年,法国人约瑟夫·傅立叶(Joseph Fourier)证明,地球的大气层阻隔了热量,不然地球气温应当更低。温室气体(二氧化碳、蒸汽、甲烷)有着令人惊奇的性质:它们允许太阳辐射通过,却阻隔了产生的热量。因此,全球变暖正在成为体现工业化对地球影响的最令人头疼的一种形式。

温室气体浓度通常用ppm(百万分率)来测量,即空气中每100万个分子所含二氧化碳的分子数量。在过去的8亿年中,温室气体浓度基本在200ppm到330ppm之间波动,这取决于地球的转轴倾角。目前的温室气体浓度已从1800年的285ppm上升到了435ppm。照此速度,本世纪末温室气体浓度或许将达到750ppm,那时的气温有一半的可能性比工业革命前夕高出5℃。这将达到300万年来史无前例的新高,绝对值等同于上一个冰河时期结束时气温骤降的幅度。之后气温上涨了5度,人类文明因此出现;但如果再涨5度,人类将身陷危险。[1]

在科学家看来,2℃是温度可以高出前工业化水平的极限。超过2℃,地球将会发生各种破坏。目前早已出现了一些明显变化:海平面升高、疾病传播到以前受温带气候保护的非洲高原等地区、沙漠化加剧、可用水日益稀缺、冰川加速融化,以及洪涝灾害频发。其他事件虽然发生概率很低,但一旦发生则会带来不可预知的后果。例如,如果墨

---

〔1〕 以上所有观点参见罗杰·格斯奈里(Roger Guesnerie)和尼古拉斯·斯特恩(Nicholas Stern),《面对气候问题的两位经济学家》(*Deux économistes face aux enjeux climatiques*),巴黎:苹果树出版社(Le Pommier),2012年。

西哥湾流改道，欧洲将面临新的冰河时期。

许多复杂因素将进一步增加二氧化碳的排放。冻原中的冰融化，会释放大量的二氧化碳。海洋变暖也会将目前贮存在水中的二氧化碳和甲烷释放出来。还有冰冻圈，即陆地和海洋表面的冰。格陵兰岛冰原的融化将导致海平面上升 5 米。

温度平均上升 5℃ 也就意味着，某些地区的温度将面临 10℃ 或 10℃以上更严峻的增长。南欧的气温将类似今天的南撒哈拉。到 2100 年，纽约的气温将有可能上升 7℃！[1]

人类世纪元

1995 年诺贝尔化学奖获得者保罗·克鲁岑创造了"人类世"这个词，用来指称我们这个时代。它与指代过去一万年的"全新世"（Holocene）相对应。克鲁岑在一篇三人合作发表的文章中，向我们简要描绘了正在发生的惊心动魄的进化过程。[2] 文章首先提出，与其说人类世标志着大自然的变化，不如说它标志着变化的加速。最早的由人类造成的生态灾难并非在过去的两个世纪才出现，也不是农业发明之后才有的。第一批占据美洲大陆的智人就已造成过大型生态灾难，导致（除安第斯山脉的美洲驼之外的）哺乳动物几乎全部灭绝。在全新世

〔1〕 斯特凡纳·洛埃（Stéphane Lauer），《纽约气温可能在一个世纪内上升 7℃》（"Les températures à New York pourraient grimper de sept degrés en un siècle"），《世界报》，2015 年 2 月 21 日，援引自哥伦比亚大学地球研究所的辛西娅·罗森茨维格（Cynthia Rosenzweig）。

〔2〕 威尔·史蒂芬（Will Steffen）、保罗·J. 克鲁岑和约翰·麦克尼尔（John McNeill），"人类世：人类将压倒大自然的威力吗？"（The Anthropocene: Are Humans Overwhelming the Great Forces of Nature?），《人类环境杂志》第 36 卷，第 8 期（2007 年 12 月）：614－621 页，https://www.pik-potsdam.de/news/public-events/archiv/alter-net/former-ss/2007/05－09.2007/steffen/literature/ambi-36-08-06_614_621.pdf。

之前的更新世(Pleistocene)纪元,欧亚大陆北部的巨型动物、猛犸和澳大利亚的大型有袋动物相继灭绝。动物的驯养——从16万年前的狗到后来的绵羊和山羊——以及之后农业的发明,先后通过砍伐森林的刀耕火种和灌溉,引发了大规模的"自然的"剧变。

然而,直至工业革命之前,人类仍只能对自身周围的环境产生一些影响,且影响的方式变化不大。是工业化带来了重大的地理突破。在此之前,人类多半只能依赖可再生能源(风、水、植物、动物)来满足自身需求。没有了煤炭、石油(和天然气)的使用,第一和第二次工业革命是不可能的出现的。与农业社会相比,工业社会的能源需求增加了3～4倍,而农业社会的能源需求本已是狩猎采集社会的3～4倍。由于能源的利用,近10亿人口享受到了只有古代君王和部分朝臣才拥有的生活水平。1800～2010年,人口增长了6倍,能源需求增长了3倍。[1]

集体行动的基本原理

人们通常认为,在科学时代,争论的实质已发生了改变。例如,因为气溶胶喷雾罐中的气体会对臭氧层产生危害,人们便一致通过了禁用气溶胶喷雾剂的协议。再比如,随着越来越多的证据表明烟草具有致癌性,吸烟率开始下降,这就让政府更容易实施禁烟令。根据克鲁岑的说法,我们已经进入了第三个时代,一个意识的时代(第一个为能源消耗规模发生变化的阶段,第二个为能源消耗加速的阶段)。可这样就

---

〔1〕 工业革命的关键部门之一——化学工业让人口增长成为可能。德国化学家弗里茨·哈伯(Fritz Haber)创造了通过固氮合成氨的工艺,从某种意义上说,他把"空气转化为燃料"。哈伯-博世工艺[卡尔·博世(Carl Bosch)是协助哈伯的制造商]带来了农业的革新,让20世纪的人口爆炸成为可能。

够了吗？

“一切照旧”原则的支持者们称，全球变暖并没有多严重，有些人甚至愤世嫉俗地宣布，现在有足够的城市可以替代那些受到威胁的地区，因此全球变暖的整个过程是可控的。考虑到未来全球人口很可能进一步增长，这种态度就产生了问题，造成了巨大的不可逆转的风险。如果气候变化比预期的还要糟糕，我们是无法回到从前的。克鲁岑总结说：“当人类意识到一切照旧的方法可能无法奏效时，世界已不得不面临又一个数十年甚至数百年的环境变化。一个可能的结果是，现代的全球化的社会在无法控制的环境变化下崩溃了。”[1]

是否有可能把经济增长与环境破坏“分离开”呢？减少增长中的碳足迹(Carbon Footprint)当然是有可能的(且这个过程已经开始)。但在迄今为止的10年内，还没有人真正减少了碳排放的绝对增长。为了完成(与工业化之前的水平相比)温度上升不得超过2℃的目标，碳排放量将不得不从目前的500亿吨减少到2050年的200亿吨，也就是要减少六成。如果2050年的生产提高到现在的3倍(这就意味着全球GDP年均增长3%)，那么碳足迹就必须减少86%以上。现有的技术措施还不足以实现这一目标。借用《无增长的繁荣》的作者蒂姆·杰克逊(Tim Jackson)的结论：“事实上，现在根本无法为全球90亿人口提供可靠的、社会公正的、生态可持续的、连续的收入增长。”[2]

严格的经济理论中是有一个简单的解决二氧化碳过量排放问题的补救办法的。联合国“仅”需创建一个温室气体排放权利的全球市场。每个国家都会获得一定的权利配额，且这些配额可按照市场价格进行

---

〔1〕 史蒂芬、克鲁岑和麦克尼尔，《人类世》，第619页。

〔2〕 提姆·杰克逊，《无增长的繁荣》(*Prosperity without Growth*)的概要，伦敦：可持续发展委员会，2009年，http://indigodev.com/ProsperityWithoutGrowth.html。

交易。京都气候变化大会之后，欧洲便开始采用这一方法；但政治上，这一措施现在根本无法达成。[1]

实际上，让人吃惊的是，社会自身并没什么预测未来的能力。如果长期目标评估得不好，就要承担即时成本，那么集体行动的难度就会相当大。人类历史不时地被一个个"历史片段"打断，出现文明的倒退。罗马帝国衰亡后的欧洲就是这样，工业资本主义第一个时代结束后也是如此，当时的灾难表现为工人身体和道德状况的急剧恶化。贾雷德·戴蒙德也描述了诸如出现了历史上第一个国家的美索不达米亚文明等其他文明的崩坏。[2] 正如曼瑟·奥尔森(Mancur Olson)所言，最重要的变化通常发生在战争或大危机之后。当代世界所面临的挑战是，在和平时期建立一个新的框架，可能的话要赶在危机爆发之前完成。[3]

依照世界当前的状态，要解决全球变暖问题，人类在很多方面还无法胜任。我们不大可能仅仅通过重现全球风险来实现具有足够影响力的集体行动。正如我们无法要求一个焦虑抑郁的人戒烟一样，我们也不能指望早已忧心忡忡的现代社会自发地实现一个全球性的目标。发达社会本就担心增长放缓，也就没什么心情再去了解一些可能会进一步减缓增长的措施；发展中国家也不明白为什么要剥夺自己理应享有

---

〔1〕除了这一个系统，另一种方法是征收碳税。它的优点在于每个人都必须支付一定的金额，且能够(以更可预测的方式)汇集到用于投资的资源。很显然，将这两个系统组合使用也是行得通的。

〔2〕贾雷德·戴蒙德，《大崩坏：人类社会的明天》(*Collapse: How Societies Decide to Fail or Succeed*)，纽约：维京出版社，2005 年。

〔3〕为了建立一个依赖可再生资源的可持续发展型社会，人们需要开展大量的研究和发展计划。存储太阳能和网络基础设施需要一大笔投资，这些投资最起码可以通过一部分环境排放方面的税费进行补贴。达龙·阿塞莫格鲁(Daron Acemoglu)、菲利普·阿吉翁(Philippe Aghion)、李奥纳多·博兹汀(Leonardo Bursztyn)和大卫·赫莫斯(David Hemous)在一篇题为"环境与导向型技术变迁"(The Environment and Directed Technical Change)的文章中也在一定程度上支持向该领域研究提供公共激励政策，《美国经济评论》第 102 卷，第 1 期(2012 年 2 月)：131—166 页。

的且富裕国家早已获益无数的物质文明。要找到应对环境风险挑战在道德和政治上的支持,我们的社会必须经历一个具有决定意义的初步阶段:必须(重新)获得信心,相信自己有能力建立一个共同的未来。

第三部分

进步的再思考

第十三章 （新的）大转型

自20世纪70年代起，我们一直在经历一场大转型，一个更美好的未来终将到来的信念已经破灭。关于当下的社会状态，众所周知的主流看法是：社会已经发生了深刻的变化。这一清醒的认识来自社会学家罗伯特·卡斯特(Robert Castel)，转引自一本向他致敬的名为《变化和变化的思想》的书。[1] 该描述完美总结了当前的情况，标志着那个在20世纪60年代尤为重要的观点——社会能够迎来理想的进步——已不复存在。[2]

对于大多数富裕国家而言，这场转型或危机(如果这个词仍可以用

---

[1] 罗伯特·卡斯特、克劳德·马丁(Claude Martin)编，《变化与变化的思想》(*Changements et pensées du changement*)，巴黎：发现(La Découverte)出版社，2012年。

[2] 根据卡斯特的观点，20世纪60年代的所有想法都体现了这样的“社会矛盾：社会不断向前迈进，拥有大量进步资源，具备成功推行民主的优点，但同时社会中的真正做法却充斥着各种剥削关系和统治关系，并不断施加直接的或象征性的暴力”。

来形容一个持续了40年的状况的话)主要冲击到的是工人阶级,它让工人阶级无法拥有更美好的未来。卡斯特指出,“20世纪60年代见证了工人阶级胜利的狂欢。它体现着并激发了一场场社会变革。但现在情况却早非如此。”“工人阶级完全丧失了社会批判的力量……说到工人阶级,我们想到的不再是可能爆发的革命性变革又或社会进步……相反,我们联想到的是大范围的失业和不断加剧的工作不安全感”。当然,工作的不安全感并非一个刚刚出现的情况,它是工业资本主义早期就表现出的特征。[1] 刚刚出现的情况是,工作不安全感已扎根于福利制度的核心,而福利制度本应是与之抗衡的。

各地的工人阶级纷纷通过脱离左派和右派的各大传统政党,来表达他们的不满。在这种“全面危机”的新局面下,布雷诺·阿玛布尔(Bruno Amable)立马发表了自己的观点。欧洲各地选举情况的比较研究表明,现在最摇摆不定的选民不是中产阶级,而是最不富裕的阶层。这种情况与政治学模型相矛盾,政治学模型预测是处于政治光谱最中心的中位选民占据或分散了选民的大多数。特朗普在选举中收到了未接受过大学教育的白人选民67%的选票,就是这一判断最清晰的表现。

如果说后工业社会正在拼命地寻找前进的方向,还是说得太过轻描淡写了。虽然不像农业社会消失得如此明显,制造业时代的终结却也造成了同样严重的裂痕。工业社会没能通过福特制和大众消费快速地树立一个可靠的形象。那么,未来社会到底能够得到怎样公正幸福

---

〔1〕 早在19世纪30年代就出现了对工人阶级状况的担忧和关注。路易斯·维勒莫(Louis Villermé)在一篇著名的报告《棉花、羊毛和丝绸工厂雇佣工人的身体和道德状况表》(*Tableau de l'état physique et moral des ouvriers employés dans les manufactures de coton, de laine et de soie*)中就曾描述了童工一天工作14个小时的状况。

的结果,我们现在是否还能说得清呢?

实现现代性的两步走

虽然农业社会的经济组织形式在从农业社会向工业社会的过渡过程中已完全改变,但社会变革是在更晚些时候才出现的。事实上,工业社会的家庭和工厂都保留了许多古代的特征。

社会学家朗奴·英高赫提出了一个阐释脉络,指出了当代社会新颖的个人主义特征。他指出,两个阶段的转变是存在区别的:一个是农业社会向工业社会过渡;另一个是工业社会向后工业社会的转型。农业社会和工业社会之间的第一次分化引发了宗教秩序向非宗教的世俗秩序的转变。之前人们相信上帝,现在他们相信理性。牧师的地位也被工程师所取代。然而,第一阶段接受的仍然是一种社会等级观念。从首席执行官到工程师再到工头、工人的指挥链与从国王到男爵再到农民的管理体系一样严格。只不过,当权者从宗教人士变成了非宗教的世俗人士。这第一次的转变正是马克斯·韦伯(Max Weber)所说的"世界的祛魅"(disenchantment of the world),理性取代巫术和信仰成为了社会的组织原则。

在英高赫看来,直到第二阶段,伴随着工业社会的结束,个人主义社会才真正出现。在新的体制下,自我表现成为社会的基本原则。于是,一种以自我实现为中心的新型人文社会逐渐成形。自然而然地,第一波"现代化"浪潮引发了法西斯主义和纳粹主义。希特勒对福特颇为欣赏,福特对希特勒也亲睐有加。于是,这一形式的现代化就轻而易举地陷入了极权主义。英高赫曾表示,是第二波浪潮,即后工业浪潮,促成了一个自我实现和自主的社会。

丹尼尔・贝尔(Daniel Bell)在《资本主义文化矛盾》(*Cultural Contradictions of Capitalism*,1976)中对这种转变进行了类似的分析,对工业社会模糊不清的现象进行了精彩的解读。生产世界的等级制度与其设定的消费世界不相协调。人们不得不"白天正经,晚上浪荡",贝尔解释道,这种矛盾是处于生产和消费两个世界之间的混杂社会的标志。[1]

五月风暴和后现代世界的崛起

这一巨变在1968年的五月风暴(May 1968)达到高潮。人们对旧有的等级秩序发起攻击。无论是在大学,还是在工厂、在家中,五月风暴对现有当权者提出的质疑随处可见,这也成为所有工业化国家的一个共同现象。"五月风暴不仅仅是法国人对法国人的事件,"亨利・韦伯(Henri Weber)写道,"它的规模和现实从一开始就是全球性的。美国、西欧、日本的运动完全相同:相同的驱动力、相同的意识形态、相同的口号、相同的做法。"

回头看来,五月风暴就像是一个时代的制高点,之后便是盛极而衰。20世纪80年代初,由美国的里根和和英国的撒切尔领导的保守革命早已悄然开始。反对五月风暴的演讲在更广的范围内进行着。一如塞尔日・奥迪尔(Serge Audier)指出的,[2]那句著名的"禁止是被禁

---

[1] 亨利・韦伯(Henri Weber),《五月风暴还剩下什么?》(*Que reste-t-il de Mai 68?*),巴黎:瑟伊出版社,1998年。

[2] 塞尔日・奥迪尔,《反对五月风暴的思想》(*La pensée anti*－68),巴黎:发现(La Découverte)出版社,2008年。

止的”(Il est interdit d’interdire)正象征了五月风暴激进的个人主义。在吉尔·利波维茨基(Gilles Lipovetsky)、理查德·桑内特(Richard Sennett)、克里斯托弗·拉什(Christopher Lasch)等反对者的眼中，五月风暴的反顺从主义实际迎来了另一种形式的顺从主义，那就是顺从消费社会。消费社会需要维持“永久的新颖性”才能继续存在。

在这些作者看来，20 世纪 60 年代的一大成果就是引发了当代世界最狭隘、最反社会的个人主义。集体顺从主义让位于与当时革命息息相关的新形式的顺从主义。例如，一项对流行歌曲的分析显示，“我”的主格和宾格都被越来越多地使用。

相反地，对于支持者而言，五月风暴运动为启蒙思想注入了新的活力，让自主而非尊重传统成为了一个核心价值。然而，正如茨维坦·托多洛夫(Tzvetan Todorov)所言，[1]启蒙思想家所理解的自主并不意指自给自足或个人主义。“真实的自我并不全存于我们自身”，卢梭(Jean-Jacques Rousseau)说。启蒙道德体现的不是主体性，而是主体间性。“(它)并非出自自私的自爱，而是出于对人性的尊重。”善与恶的原则并不是天生的；它们必须是共识的结果，而共识是通过基于普遍人性特征的理性争论建立起来的。

启蒙运动带来了思想解放，于是教条并非神圣不可违背。优秀公民应“按照自己的判断准则”行事。指引人们生活方向的不再是过去的权威，而是他们自己对未来的憧憬。在卢梭看来，可完善性(perfectibility)是人类用于改善自身和世界的一种特殊能力。但他立即补充说，它的影响既无法保证一定出现，也不是不可逆转的——“善恶本同

[1] 茨维坦·托多洛夫，《启蒙的精神》(*L’esprit des Lumières*)，巴黎：罗贝尔·拉封(Robert Laffont)出版社，2006 年。

源”。

启蒙思想家的思想早在工业革命开始前就出现了。这些思想起源于11～12世纪的早期城市革命，当时产生了一批从教会和国家传统权威中解放出来的新式牧师和商人。[1] 矛盾的是——这也让现代历史变得难以解释——工业社会切断了欧洲文艺复兴时期的人文主义势头。[2] 宗教秩序将被世俗秩序取代，但正如19世纪和20世纪大部分时期的工厂所反映出的，工业只不过是一所孕育解放思想的学校。在英高赫看来，历史片段被切断，但脉络不会被剪断，它一直持续到了标志着向后工业社会过渡的第二次历史分化。

英高赫还认为，正是工业社会的终结引发了新的自主典范——大众教育让每个人拥有了独立思考的智力手段，福利制度切断了孩子与父母之间的物质依赖，基于需求建立的社区被“选择性亲和”所取代。正是在这种背景下，后物质主义的精神性应运而生。对生命意义的追寻成为后现代社会的一大状态。唯物主义偃旗息鼓。在英高赫看来，一切事物终将汇于一个自主而宽容的社会，这个社会提供教育，实现了城市化和民主化，且男女间的主导地位发生了根本性改变。因此，后工业社会得以自我解放，不再像先前社会那样只顾拼命在经济上获取生存手段。人们的人均收入增加了9倍，他们看待生活的角度发生了彻底改变。

---

〔1〕 那段时间，大学利用两大力量之间的竞争获取了独立。例如，依照历史学家雅克·勒高夫(Jacques Le Goff)的说法，“新时代的人是人文主义者，尤其是那位1400年左右的第一代意大利人文主义者——他本人是一位商人，他把对商业的组织转移到对生活的组织。”雅克·勒高夫，《另一个中世纪》(*Un autre Moyen Âge*)，巴黎：伽利玛出版社，1999年。

〔2〕 即使是农业社会，我们也不得不提一提古埃及和古中国这样的“水力帝国”，较之靠雨水浇灌田地的社会，水力帝国会施加更严酷的强制政策。卡尔·魏特夫(Karl Wittfogel)，《东方专制主义》(*Oriental Despotism*)，康州纽黑文：耶鲁大学出版社，1957年。

同性恋是犯罪?

英高赫并不只是简单地提出一个一般性的理论。他还通过大规模的社会学调研进行了仔细的验证,通过世界价值观调查(World Value Survey)衡量人们态度的变化(英高赫是世界价值观调查的发起者之一)。调查基于大量问题的答复构建了两个轴:第一个轴区分了传统(宗教)价值观和世俗价值观,第二个轴区分了对安全的追求和对自我表现的追求。英高赫“生存还是自我表现”的分类与杜蒙(Dumont)的相类似,与社会学家沙洛姆·施瓦茨(Shalom Schwartz)提出的区分了一体化和自主的分类也很类似。

构成第一个轴的问题包括:“你相信上帝吗?你想要拥有一个大家庭吗?离婚是合理的吗?”这些问题区分了人们的宗教价值观和世俗价值观。构成第二个轴的问题有:“同性恋是犯罪吗?有趣的工作比高薪的工作更重要吗?”在一个不确定、不安全的世界里,人们希望得到来自稳定的社会机构(家庭、当权组织)的保障。当世界变得可靠、不再那么不安全时,人们就会更加宽容,并渴望获得更大的自主权和自我表达。例如,持后物质主义价值观的人更加接受同性恋。[1] 性别平等的态度是另一个可以很好地衡量与自我表达密切相关的价值观的指标。

既重视世俗价值观又重视自主的国家包括瑞典、挪威和丹麦。在轴的另一端,宗教和等级制的国家包括津巴布韦、摩洛哥和约旦。保加利亚、俄罗斯等前东欧社会主义国家非常重视世俗价值观,但自主的程

〔1〕 新一代的年轻人,无论是何国籍,都倾向于更加宽容,且此趋势的总体转变是可观察到的。

度非常低(俄罗斯甚至低于津巴布韦)。在±2的范围内,法国的自主程度为1,世俗程度为0.5,而瑞典在两轴上均为1.5。日本是一个有趣的案例:它对世俗价值观的重视度非常高,甚至高于瑞典,但在自我表现方面却处于中等水平,持平法国和意大利。

英高赫分析了经济对社会的塑造,证明了世俗价值观与工业(相对于农业)的作用之间显著的相关性。服务业工作并不能对这一情况做出解释。相反,服务业工作与工业工作之比却可以解释从关乎不安全感的价值观向自我表现的价值观的转变。自主是启蒙运动以来西方哲学的主要立足点,现在却变成了一种经济价值。创造力的重要性超过了权力机构。各类数据均呈现出一种清晰的模式。尽管社会中仍保存着基本的等级秩序,工业社会已然导致了社会的世俗化。而在第二阶段,正是服务业工作推动了“自我表现”社会的出现。

第十四章　经济学与文化

英高赫提出的现代化理论并没有忽视文化的作用。经济数据只涉及他分析中一半的变量，而另一半则属于文化领域。例如，美国就是社会逐渐世俗化这一假设明显的例外。相较其他具有相同经济特征的国家，美国在宗教上更为虔诚。因此在描述此类现象时，我们必须将英语国家和新教徒为主的国家加以区分。拉丁美洲人也同样对宗教非常虔诚。相比之下，拥有儒家传统的社会则表现得更为世俗(孔子的学说更多地与社会秩序有关)。

在自我表现方面，天主教传统的国家不如新教国家那么重视，他们彼此的信任程度较低。这表明教会等培养服从精神的纵向机构削弱了人际关系中横向的信任。相反，儒家传统的国家更有能力激发信任。在这一方面，法国和中国可谓天壤之别。在所有富裕国家中，法国的信任程度最低(水平与俄罗斯相同),而中国的信任程度最高(水平与芬兰相同,且高于日本)。[1]

然而,在某一国家内部,宗教引起的价值观差异却微乎其微。例如,德国天主教徒与本国新教徒的关系反而比同欧洲其他天主教徒的关系更加紧密。同样地,爱沙尼亚、拉脱维亚和立陶宛等原苏联国家虽然最初都是新教徒,但人与人之间的信任水平却排名垫底。这一结果表明,真正重要的不是信仰的性质而是塑造集体认同的方式。简而言之,民族主义的作用压过了宗教。

英高赫调查的真正重点,归根结底在于弄清在建立公民之间的社会关系,尤其是在公民面对急需解决的巨大经济变化时,现代社会所具备的能力。可关键是,在面对这些问题时,文化也会发生变化,无论是好的变化还是坏的变化。为了进一步了解这个问题,让我们回顾一下丹麦、美国和法国三个案例。

丹麦的例子

根据一项国际调查,丹麦是世界上最幸福的国家之一。[2] 当被要求按照 1 到 10 的等级评价自己的幸福感时,丹麦人的平均答复是 8,属于 A 等。其他最幸福国家包括挪威、芬兰、荷兰、加拿大,不要惊讶还有哥斯达黎加。最不幸福的六个国家是多哥、贝宁、中非共和国、塞拉利昂、布隆迪和科摩罗群岛。

---

[1] 世界价值观调查(WVS)为我们提供了一些有关信任的统计数据。由阿尔甘(Algan)和卡胡克(Cahuc)共同完成的“信任、增长和幸福”(Trust, Growth and Well Being)[经济政策研究中心(CEPR),9548 号讨论稿]为这些数据提供了一个路线图。

[2] 《全球幸福指数报告》(*World Happiness Report*)是此类数据一个很好的入门指南。在 2017 年的报告中,挪威排名第一,丹麦第二。

分析师运用大量因素来解释幸福感量表高低两端间的差距。最幸福国家的居民收入是最不幸福国家居民的 40 倍,且他们的预期寿命多出 28 年。在困境中,最幸福国家居民有多出一倍的朋友相帮,且他们的自由感更强(94%比 63%)、对政府诚信的怀疑度更低(33%比 85%)。

幸福感量表(从 1 到 10)的全球中位数为 5,欧洲的中位数是 7,美国和澳大利亚/新西兰地区的是 8。澳大利亚最早的居民是来自英国的罪犯,如今它已建立起一个和平繁荣的社会,足以消除任何对幸福感遗传方面的(平均)影响。法国排名第 23,位于西班牙和墨西哥之间。它的排名高于意大利、德国和日本。日本是所有富裕国家中排名最低的,全球排名第 44 位。值得注意的是,尽管经济迅猛增长,中国的得分并不高,居于倒数的 1/3,排在莫桑比克和马拉维之间。

为什么丹麦排名第一?最重要的是,丹麦人相信自己,也相信他们的制度。[1] 3/4 的丹麦人认为他人是值得信赖的,这不仅指朋友或同事,还包括更广泛意义上的路上的陌生人。行走在大街上或是相信他人的善意都是很安全的。《读者文摘》杂志的记者曾将一些内含主人地址的钱包假装遗落在很多不同的地方。在挪威和丹麦,所有钱包都被物归原主且钱包中的钱分毫未动。但在其他地方,归还的比例几乎都低于 50%。

丹麦是欧洲腐败最少的国家,民主本身就是幸福的一大因素。看过电视剧《权利的堡垒》(Borgen)的人都会明白其中的道理。这部剧描绘了一位女总理的平静生活,她会为了接儿子放学而打断内阁会议。她深谙政治博弈,了解其中的狡猾与欺骗。她如履薄冰,没有天真,也

---

〔1〕 这里的数字均来自 2013 年的《全球幸福指数报告》和 2014 年的《探索丹麦的幸福》(*Exploring Danish Happiness*)。

(几乎)没有愤世嫉俗,而是以合理的方式行使权力。[1]

丹麦社会充满活力。各类协会办得风生水起,志愿服务率也很高。接受调查的欧洲人中,平均60%的人每周至少一次在工作以外的地方与朋友、家人或同事会面。在丹麦,这一比例为80%。200万名丹麦人参加了志愿者组织、足球俱乐部,或在识字班中代课。当地有一个笑话,说三个丹麦人聚在一起就是一个俱乐部。丹麦现在有10万家非盈利性协会。如果按照工作的机会成本来评估,慈善工作已高达GDP的10%。

在其他国家,人们无法获得同等的健康、教育和住房机会,这就产生了痛苦和焦虑,因此幸福感上就有了相当大的差异。相比之下,丹麦人深信自己生病了有人照顾、失业了有人相帮。这可能就是丹麦和美国等国家之间差异的关键。[2]

工作也是丹麦的满意感来源之一。丹麦的工作质量全欧排名第一。因为信任让任务分配变得公允,所以丹麦人的工作总体上是非常愉快的。工人的自主性比其他地方都要高。他们每年工作1 522个小时,而经合组织成员国的年均工作时间为1 776小时。因为员工有了自主性,在必要时他们可以在家完成工作:17%的人会这样做。只有一小部分丹麦人在工作时感到愤怒(13%)或压力(21%)。因为从家到工作地点的距离通常很短,所以丹麦人的通勤时间也就很短,而通勤时间长是其他国家不幸福感的来源之一。一项德克萨斯州女性幸福感调查就将其列为负面因素之首。

丹麦的"弹性安全"(flexicurity)政策也给予工人免于失业的保护。

---

〔1〕 但丹麦人并非圣人。就像其他斯堪的纳维亚国家和荷兰一样,他们宽容的传统并未阻止排外的极右派的兴起。

〔2〕 根据2013年《全球幸福指数报告》中引用的埃德·迪耶内(Ed Diener)等人的研究。

该政策有三个层面:灵活的就业市场、(长达四年)丰厚的失业福利以及积极的复职政策。丹麦的模式是原创的,即使同工作保护水平更高一些的瑞典相比也是如此。丹麦的工会入会率为88%,这也保障工人免受雇主从弹性工作制中得到的自由的侵害。由于丹麦的初期培训质量很高,职业培训因而也更加有效。丹麦做好了一切通过适当培训保证工人再就业、保证他们的过渡期有意义的工作。

丹麦模式阐明了造成失业的原因以及失业与增长的关系。增长通常有利于创造就业机会。理由很简单:当增长迅猛时,招聘更能节约成本,因为平均而言,公司可以确保产品销售渠道的增加。相反地,在一个增长放缓的社会,失业者往往会持续长时间失业。在经济危机期间,找不到工作的时间可能会翻倍,失业率也可能增加一倍。[1] 这显然构成了失业者自身和公共财政的一大困境。但是,如果这个过渡时期得到妥善管理,它也可能变成一个机会。如此变化莫测的就业形势可以让工人重振活力,而不是让他们士气低落。丹麦体制已成为该领域的典范。

美国的例子

信任是美国人骨子里的东西,但这种信任现在却越来越少。为了更好地理解这一点,我们来看一看罗伯特·帕特南(Robert Putnam)在《独自打保龄》[2]中的分析。在1970年,1930年之前出生的美国人中

---

〔1〕 现代对就业市场的分析考虑的是工作流动率,而不是现有工作目录。事实上,根本的问题不是某一时间的失业人数,而是找到新工作所需的时间。彼得·戴蒙德(Peter Diamond)、戴尔·莫特森(Dale Mortensen)和克里斯托弗·皮萨里德斯(Chris Pissarides)(三位在2010年荣获诺贝尔经济学奖)建立的DMP模型已成为该领域的标准。

〔2〕 罗伯特·帕特南,《独自打保龄:美国社区资本的衰落与复兴》(*Bowling Alone: The Collapse and Revival of American Community*),纽约:西蒙舒斯特出版社(Simon and Schuster),2000年。

有80%认为大多数人都是诚实的。而婴儿潮一代(出生于1946～1960年)只有60%这么认为。到了X世代(1960年后出生)已下降到50%。帕特南用大量数据记录了这一演变。例如,遇到停车标志却没有停车的人数从30%增加到90%！家庭生活也越来越多独处的情况。只有1/3的家庭表示会一起用餐(而不是20年前的50%)。接受采访的美国人中有77%表示自己的国家已丧失了社群意识,自私已经成为美国一个(非常)严重的问题。“大多数人不是去相互了解,而是彼此疏远,变得更加孤立,并且希望独自一人。”

集体生活的各个方面无一例外地受到影响。总统选举参与率就已下降。如果说在20世纪60年代民权运动之前美国南部是不能参加选举的(实际上是将黑人排除在外),那么之后参与率的降幅更是惊人。选举参与率在1960年达到了85%,之后直降至2000年的50%。家长教师协会(PTA)是另一个体现从集体中脱离的例子。美国公民的参与度在1960年达到高峰,每两位父母就有一位是PTA成员。2000年这个比例已经降至20%以下。这种公民情感上的减弱着实更令人惊讶,因为同一时间教育取得了很大的成就,而通常受过教育的人的公民参与度会更高。1955年,44%的美国人表示,他们在工作中是最愉快的。但到了1999年,就只有16%的人这么认为。在这种情况下,要理解为什么自20世纪60年代以来美国人的幸福感持续下降也就不难了。

关于美国社会的这种转型,已有许多种解释。职业妇女和离婚者人数的增加一直被看作是破坏传统家庭价值观的罪魁祸首。通过削弱工会的力量扩大服务业也一直被认为是人们不再以工作为傲的原因。这些观点就算不是彻头彻尾的错误,也是毫无说服力的。例如,离婚率的增加会损害公民参与度的说法就是不正确的。除了宗教信仰,离婚者在 PTA、体育和政治中的参与度和往年没有变化。此外,工业相比其他经济部门受去工会化影响最大的说法也不正确。

不管怎样,最重要的一个事实是,美国公民参与度下降是伴随婴儿潮一代出现的。毋庸置疑,战后出生的一代人的表现与之前出生的人有所不同。他们投票的次数比长辈们少得多,报纸也读得少了。1965 年 35 岁以下的年轻人中有 2/3 会定期阅读报纸,但到了 1990 年就只有 1/3 做得到。总观全体人口,虽然受教育程度平均提升了 60%,阅读报纸的比例却下降了 60%。[1]

对于帕特南而言,电视在婴儿潮一代的态度养成上发挥了至关重要的作用。他们是看着电视长大的第一代。1965 年～1995 年,由于工作时间的减少,每个美国家庭的休闲时间平均每天增加了 6 小时。而这些增加的时间全部被坐在电视机前看电视所占用。80%的美国人每晚都在电视机前度过。电视让公共领域私人化了。美国诗人 T. S. 艾略特(T. S. Eliot)曾发表对电视的看法,他认为电视是一种让数百万人在同一时间听同一个笑话却还可以一个人呆着的媒介。加拿大的一项研究对两个地区进行了比较分析,这两个地区(由于技术原因)拥有电视的时间间隔了几年,研究发现首先拥有电视的地区的公民参与度明显低于另一个地区。

当然,把美国个人主义的出现全都归咎于电视也是不合理的。婴儿潮一代带来的文化转变其实无处不在。1968 年 5 月的那场“文化变革”是法国代际变化最显著的标志,而在巴黎发生的这场革命与在伯克利发生的学生运动的表现方式几乎完全一样。无论原因是什么,婴儿

---

〔1〕 正如朱莉娅·卡热(Julia Cagé)所言,媒体业的萧条(无论是因为互联网新闻的大量出现还是其他原因)解释了低趣味报刊的出现,后者的成本远低于严肃媒体但却能吸引大量读者。

潮一代确实掀起了一场社会关系的重大转变。一方面他们变得更加宽容，另一方面他们也比前几代人更加我行我素。

Tweeter 和 Facebook 必然会推动新的社群形式的出现。然而，用帕特南的话来说，Tweeter 和 Facebook 其实是让个人得以当着他人的面专注于自己的功利主义性质的组织。

不论从哪个角度看，美国在这不到 50 年的时间内发生的文化变革都是惊人的。托克维尔(Tocqueville)曾经称赞美国人有能力在生活的各个层面建立社团协会，现在这一能力已经丧失。美国人仍然想去打保龄球，但会独自去，而不是像过去那样依靠于把人们聚集在一起的俱乐部和社团。基于这样一个幸福指数不断下降的大背景，过去半个世纪以来的文化变革并不令人乐观。

如何做个法国人？

与丹麦相比，法国是另一个表现不佳的国家。在司法体系、政党、工会等方面，法国人经常比其他国家的人更加悲观。根据世界价值观调查，当被问及"是否会相信其他人"时，80％的法国人的回答是："一个人永远无法足够谨慎。"扬 · 阿尔甘(Yann Algan)和皮埃尔 · 卡于克(Pierre Cahuc)的《不信任的社会：法国社会模式是如何自我毁灭的》[1]引发了一场辩论。根据作者的调查，一个国家居民的焦虑程度与缺乏对他人信任呈强相关。阿尔甘和卡于克认为，"在信任关系中受到不公平对待或背叛的心理成本至少与货币成本是同等重要的。"在他

〔1〕 扬 · 阿尔甘和皮埃尔 · 卡于克，《不信任的社会：法国社会模式是如何自我毁灭的》(*La société de défiance* : *comment le modèle social français s'autodétruit*)，巴黎：乌尔姆街(Rue d'Ulm)出版社，2007 年。

们看来,不信任是法国痼疾的重要来源。

在《风险社会》(*Risk Society*,1992)中,乌尔里希·贝克(Ulrich Beck)完美阐释了工业化之前的风险与现代社会风险之间的根本区别。从前,面对收成不佳和过早死亡,我们束手无策。神灵、机会和命运成为我们可以祈求的唯一力量。如今,我们同样深陷灾难性的风险,但我们知道这些都是人为的:失业、(冷战期间的)核战争,又或全球变暖和恐怖主义。贝克认为,观点的转变彻底改变了我们赋予生命中(重大)灾难的意义。失业不同于坏收成,尽管从经济学的角度来看它们的后果是完全相同的。[1]

在社会合作方面,法国人也是最为悲观的。他们比其他国家的人更加认为自私会影响人际关系。2/3 的法国人认为"每个人都应该处理好自己的事情,无需过多理会别人说什么或做什么"。法国是全世界最不信任他人的国家,与前东欧集团国家处于同一水平。

法国人对本国的制度也不大信任。他们对市场力量和工会都持谨慎的态度,对国家干预的需求又加剧了他们对市场和工会的不信任。法国人对公共机构也同样缺乏信任。在法国,"国家决策的等级集中化让社会对话"变得毫无内容可言。[2] 对本国制度表现出更多信任的丹麦人就更好地利用了自身的制度。

不论在世界上的什么地方,只要自己比别人收入高就会感到更加

---

〔1〕 弗洛伊德曾提出同样的想法:"我们受到了三方面痛苦的威胁:首先,威胁来自我们的身体,它注定要衰老和消亡,而且没有疼痛和焦虑这些警告信号,我们的身体甚至都无法运作;其次,威胁来自外部世界,它会以强大而无情的破坏力量对我们施虐;最后,来自我们与他人之间的关系。与其他任何痛苦相比,来自这最后一个方面的痛苦也许是最剧烈的。我们往往把它当做一种无端的附加物。"参见弗洛伊德,《文明及其不满》(*Civilization and Its Discontents*),第 9 页。

〔2〕 阿尔甘和卡于克在他们分析的最后说:"因此,为了增进相互信任和公共精神,我们必须打破福利制度中社团主义的逻辑思维,转向普遍主义的逻辑思维,给所有人带来同样的益处。"

快乐(较之他人有优势是满意度的一个来源)。但法国的情况却不尽然。顶级专业人士(高管层和高级经理)称,他们不像其他国家同一级别的人那样开心。员工在与公司的互惠中处于弱势是工作痼疾的另一症状。依照安德鲁·克拉克(Andrew Clark)的分析,关于是否愿意为公司做额外的工作,只有25%的法国人表示愿意或非常愿意。[1] 这一比例是先进国家中最低的。

人们都想要在这种悲观主义中找到法国文化不可磨灭的痕迹。首先,人们(通常)都会想到,法国是一个沿袭了强大层级结构的国家,其结果就是阻碍了各层级上的横向互动。菲利普·迪里巴尔纳(Philippe d'Iribarne)通过分析法国人的心理得出结论,法国从未能够调和两种相互矛盾的文化:一方代表了基督教会的价值观,另一方代表了贵族的价值观。教会捍卫平等,贵族则反对。根据迪里巴尔纳的说法,法国人唯一的应对机制便是虚伪:他们佯装相信教会的人人平等,但众所周知他们又同时将人划分为三六九等。

阿尔甘和卡于克研究的优点是,它证明了法国人的悲观主义出现得要比长期以来研究结果中显示的晚得多(尽管这些研究结果还是有意义的)。二人研究的独创性在于,它基于第一代移民的移民时间,客观分析了法国人,即欧裔美国人心态的演变。[2] 这项调查的结果表明,祖先在1935年之前抵达美国的法裔美国人的信任水平高于同一时期来到美国的瑞典人后裔。对于1935年以后抵美的人来说,情况正好

---

〔1〕 克拉克的《五大危机》,菲利普·阿斯凯纳齐(Philippe Askenazy)和丹尼尔·柯恩(Daniel Cohen)编辑,阿尔班·米歇尔(Albin Michel)出版社,2013年。

〔2〕 许多调查显示,移民的来源地对其后裔的价值观具有极强的解释力(尽管会随着时间的推移而减弱)。移民子女与原国家子女的信任水平相似。阿尔甘和卡于克的方法能够去除一个国家特定时间特定情况的影响因素。他们调查分析的对象都住在美国,因此不断变化的历史环境对这些对象的影响也是相同的。

相反。从那时起,法国移民的士气就一直低于同期的瑞典移民。

阿尔甘和卡于克采用了亨利·鲁索(Henry Rousso)的理论,将法国政府与德国第三帝国合作时分崩离析的信任归因于"维希综合症(Vichy syndrome)"。法语中一直保留着这一创伤的疤痕:"合作"一词被禁止使用。德国占领时期结束后,戴高乐主义认为是法国赢得了战争,这便再次唤起了否定的文化。迪里巴尔纳曾分析了这一法国趋势。印度支那和阿尔及利亚的殖民战争结束后,法国不知不觉逐渐恢复了对自己过去辉煌的信心。自此,法国人便开始对当前的国家失去信任。正如民意调查一再显示的,法国人对自己个人的未来比对整个国家的未来要乐观得多。

小 结

我们从以上案例研究中学到了两点。首先,要想理解现代社会在从旧工业模式向新后现代性转变的过程中吸收利用了什么资源,文化是一个很重要的因素。其次,正如法国和美国的例子所展示的,文化在一段相对较短的时间内确实发生了变化。需要解决的问题永远都一样:在从农业社会转到工业社会之后,原先的关系被打破,该如何让一个国家的公民团结在一起呢?

第十五章　在幸福的迷雾中求索

英高赫认为后工业社会已解决了人们的"生存"问题，公民开始关注自我表现，但这种想法具有误导性：生活在繁荣社会的人，仍然会担心失去工作和社会地位，仍然需要为"生存"而斗争。英高赫在宣布后物质主义社会到来时，再次重复了他的错误推理，这也导致凯恩斯提出一个物质大丰富时代即将到来的预测，那时人们可以全心投入艺术和形而上学之中。

对经济学领域非常有影响力的心理学家丹尼尔·卡尼曼(Daniel Kahneman)和阿摩司·特沃斯基(Amos Tversky)进行了众多开创性的工作，为解决个人追求幸福的问题提供了一个全新的起点。他们表示，人的决定和参照点有关，且这个参照点随着周围环境而变化。人没有绝对的富有或贫穷，富有或贫穷是相对于期望而言的。无论我们身处哪种环境,是炎热还是寒冷,是舒适还是不幸,我们居住的现实世界最终都将成为新的参照点。我们会参照自己认为的正常值来判断自己是高兴还是不高兴,而这最终又将成为我们所处的新环境。因为人们的幸福感保持不变,所以尽管财富不断增长,对幸福的追求仍一直被比作“快乐水车”(hedonic treadmill)。无论我们做何努力,我们的起点始终是相同的。

因此,借用心理学的一个表述,人类展现出一种强大的“习惯化”的能力。一些作者认为,形成这种能力的原因可能是达尔文所说的适应性。[1] 人类的适应性要求人们作出相应的判断,以预见意想不到的危险,而对长期情况的习惯化有助于人类适应环境。

然而,卡尼曼和特沃斯基还强调了一个重点:对好消息和坏消息的反应是极为不对称的。在古典经济理论中,多 1 美元所带来的乐趣与少 1 美元所带来的不满是同级的,只不过一个为正、一个为负。但人类的感受却不是如此。失去 1 美元的痛苦要大于获得 1 美元的乐趣。卡尼曼和特沃斯基把它称为“损失规避”(loss aversion)。

如果将这两种趋势结合起来——对环境的习惯化以及对落后的担忧,我们就会得出一个令人痛心的结论:人们对“得不到”的担忧,也就是英高赫口中的“生存风险”,同以往一样明显。不论人们怎样试图避免恐惧的出现,它总咬着人不放。如果人们努力挣钱,将自己从欲望中解救出来,他们迅速获得的地位就成为一个新的参照点,然后一切又得重新开始。

---

〔1〕 谢恩·弗雷德里克(Shane Frederick)和乔治·罗文斯坦(George Lowenstein),“享乐适应”(Hedonic Adaptation),选自《幸福:享乐适应的基础》(*Well Being: The Foundation of Hedonic Adaptation*),D. 卡尼曼(D. Kahneman)、埃德·迪耶内(Ed Diener)和 N. 施瓦茨(N. Schwarz)编,纽约:拉舍尔·赛奇基金会(Russell Sage Foundation),1999 年。

我的邻居

“伊斯特林悖论”对这种不懈而徒劳地追求幸福的行为进行了统计基础上的描述。经济学家理查德·伊斯特林在大量调查的基础上指出，无论一个国家的富裕程度有何变化，其满意度指数都保持在同一水平。美国的财富可能是50年前的2倍，但美国公民并没有因此而变得更快乐。最重要的是，他们的财务问题并未减少。正如卡尼曼和特沃斯基所说，对这一悖论最简单的解释是，财富总是相对的，衡量它的是一个随着人们更加富有而变动的参照点。

伊斯特林悖论的另一种解释是，人类总是要拿自己和他人作比较。1949年，经济学家詹姆斯·杜森贝里(James Duesenberry)将自己有关消费的研究总结为“向邻居看齐”(keeping up with the Joneses)，这一表述现在已广为熟知。[1]不论是买汽车还是买电视，都不能落在邻居后面，这便是美国消费者的箴言。

为了测量邻居对幸福感的影响，艾佐·F. P. 鲁特莫(Erzo F. P. Luttmer)在美国进行了一项研究。[2]如果人逃不过比同辈穷的诅咒，那最糟糕的莫过于自己没有亲朋好友过得好。鲁特莫指出，收入低于

---

〔1〕这一理论出现于詹姆斯·杜森贝里的《收入、储蓄和消费者行为理论》(*Income, Saving and the Theory of Consumer Behavior*)，马萨诸塞州剑桥：哈佛大学出版社，1952年。

〔2〕艾佐·F. P. 鲁特莫，“邻居的负相关：相对收入和幸福”(Neighbors as Negatives: Relative Earnings and Well-Being)，《经济学季刊》第120卷，第3期(2005年8月)：963—1002页。另参见莎拉·弗莱希(Sarah Flèche)在《幸福经济学论文集》(*Essays in Happiness Economics*)[巴黎：法国社会科学高等研究院(École des Hautes Études en Sciences Sociales)，2014年]中对这些想法的检验和批判。关于这些经济理论的完整综述，可参见克劳迪娅·塞尼克(Claudia Senik)的《幸福经济学》(*L'économie du bonheur*)(巴黎：瑟伊出版社，2014年)和理查德·莱亚德(Richard Layard)的《新科学的幸福观》(*Happiness, a New Science*)[纽约：企鹅(Penguin)出版社，2006年]。

本镇平均水平的人通常都过得不开心。根据他的估计，每个人(即你和邻居)收入的成比例增长对平均幸福感不会产生任何净效应。法国的一项研究调查了工薪阶层眼中工资“公平”的标准。[1] 他们中的大多数是根据同他人的比较来判断自己工资高低的；他们比较的对象一半是同事，1/4 是同学，其余的是朋友或家人。在薪资信息须被发布在网上的立法公布后，有人对加利福尼亚大学的教职员工进行了一项真实实验。这一规定让一些人发现自己的薪水远不及同事，于是他们非常受挫并提出辞职。

在现代工业化社会，人们对幸福的追求遇到了一个简单却又根本性的障碍：需求总是相对的。重要的不是你挣了 1 000 欧元还是 10 000 欧元，而是你知道自己相对于周围社会所处的位置。当百万富翁被问及他们需要拥有多少财富才会感到“真正满足”时，无论他们当下已经达到什么财富水平，他们的回答都一样：是现在的两倍。

然而，这一问题的症结在于：人类会屈从于他们自己也无法理解的欲望法则。他们不会承认自己的需求很容易就受到影响。他们一想到收入在未来可能会增加，便做起了白日梦，尽管即便收入真的增长了，也是永无止境。人们会拿自己未来的前景与当前的愿望进行比较，却没有考虑到希望不可避免地会发生演变。[2] 没有人愿意接受人会随着环境变化而变化的想法。此时此刻的我才是唯一有权评价什么对我有好处的裁判。这就解释了为什么对社会运行而言增长远比财富更重

〔1〕 SALSA(L'enquête sur Les Salaires Auprès des Salariés)，法国对工薪阶层工资的调查，法国经济研究及其应用中心(CEPREMAP)，2011 年。

〔2〕 参见乔治·罗文斯坦(George Lowenstein)、特德·奥当诺奎(Ted O'Donoghue)和马修·拉宾(Matthew Rabin)，“预测未来效用的投射偏差”(Projection Bias in Predicting Future Utility)，《经济学季刊》，第 118 卷，第 4 期(2003 年 11 月)：1209－1248 页。

要:增长给每个人带来超越当前心理和社会状态的希望,虽然短暂却周而复始。慰藉我们的是希望的存在,而不是希望的实现。

嫉妒的作用:勒内·吉拉尔

在欲望这一问题上,经济学家们可不能觉得自己说了算。因此,我并不想对众多相关理论做一番回顾,而是想要探讨一下勒内·吉拉尔的观点,他在嫉妒方面的研究更加清晰地阐释了伊斯特林所讨论的问题。

吉拉尔的研究可以看作对精神分析的创始人弗洛伊德的回应。弗洛伊德认为,内疚是对文明产生不满的重要原因。这也是俄狄浦斯情结的本质。儿子对父亲既爱又恨。一旦杀死了父亲,就只剩对父亲的爱。他们是否因杀死父亲(至少在神话中)而悔恨,或(只是)因想要杀死父亲而内疚?对弗洛伊德而言,这个问题并不重要,因为内疚本就是一种矛盾情绪。[1]

勒内·吉拉尔首先对俄狄浦斯情结进行了尖锐的批评。在他看来,儿子与父亲的关系并不总是对立的。原因很简单,长期以来父亲拥有着绝对的权威,在孩子的意识中父亲占据了很高的地位,不会被当成竞争对手。反而是兄弟阋墙推动了世界的转动。"兄弟间的冲突是神话中最常见的,例如该隐和亚伯、雅各和以扫、厄特克勒斯和波吕尼刻斯、罗慕路斯和雷穆斯、狮心王理查和无地王约翰。"[2]吉拉尔把兄弟

---

[1] 在《图腾与禁忌》(*Totem and Taboo*)中,弗洛伊德认真探讨了一个假设,认为原始部落的父亲被谋杀是真实发生的。他重拾《摩西与一神论》(*Moses and Monotheism*)中的想法,认为希伯来人确实因无法忍受摩西的残暴在西奈半岛将他杀死。

[2] 勒内·吉拉尔,《暴力与神圣》(*La Violence et le Sacré*),巴黎:格拉塞(Grasset)出版社,1972 年。

间冲突的根源称为模仿竞争(mimetic rivalry)。“所有欲望,”他解释说,“不仅有主体和对象,还有一个第三方,即对手。主体对客体产生欲望并不是因为客体具有什么内在品质,而是因为对手对客体也有欲望。实际上,主体一直等着另一方的对手告诉自己该对什么产生欲望。”根据吉拉尔的说法,兄弟是最佳对手。

吉拉尔认为兄弟间的冲突是暴力的基础,因此重新诠释了俄狄浦斯情结的来源。他表示,直到现代性的出现,父亲的地位才开始下降,并最终接近兄弟的地位。“俄狄浦斯情结的黄金时代出现在父亲地位被削弱但仍未完全丧失的地方,即过去几个世纪的西方家庭之中。因此,父亲是消除分歧过程中的第一个典范,也是第一个障碍。”

吉拉尔关于父子冲突在现代社会所起作用的观点,是在传播理论家提出的双重束缚的概念基础上建立起来的。[1]“双重束缚”可以是一个自相矛盾的命令,比如“表现得自然点!”或“别看指示牌!”在吉拉尔看来,父亲时常要求儿子:“像我这么做,模仿我!”可儿子真的听话时,父亲却又会责备他,因为他将儿子的听话理解为一种侵略行为,似乎儿子有意取代他的位置。双重束缚结构涵盖了在父亲权威已被弱化但并未完全崩塌的过渡期中表现出的所有病状。“精神分析只有到了现代世界才会出现……父亲的存在越少,俄狄浦斯就越能按照自己意愿行事。”请注意,吉拉尔字里行间透露出对诺贝特·埃利亚斯(Norbert Elias)观点的认可,他同意,与祖先的耻辱制度比起来,西方向内疚

〔1〕 这一概念是格雷戈里·贝特森(Gregory Bateson)在1956年提出的,瓦兹拉威克(Watzlawick)等人在《人类沟通的语用学》(*Pragmatics of Human Communication*)一书中也采用了这一说法。

时代的过渡还是来得迟了一些。〔1〕

吉拉尔的分析让我们看清了后现代社会的另一大特征:新的排外情绪的涌现,如果启蒙时代真的又一次到来,人们希望这种情绪能够随之消失。

正如吉拉尔发现的,在一个以与他人竞争为驱动的社会,和平与仇恨之间存在着微妙的紧张关系。“在所有文化中,每个人都觉得自己与其他人不同,” 吉拉尔解释说,“都觉得这种不同是合理且必要的……在一个没有爆发危机的社会,这种自己与众不同的想法既来自现实的多样性,也来自交流和互惠制度,而这一制度必然包括……”〔2〕当社会爆发危机,当社会成员之间的竞争不能通过宗教、政治秩序或经济增长和平调解时,寻找替罪羊就显得十分必要。“暴力的欲望总是指向身边周围的人,但如果暴力最终不能引发各类冲突,便也不会真正爆发。因此,我们有必要将暴力转移到一个牺牲者身上,一个唯一不用经历危险就被击倒的牺牲者,因为没有人支持替罪羊的做法。”如果对同一个对象的渴求会引发仇恨,那么同仇敌忾则让互相关爱成为可能。于是,替罪羊实现了往日的和平。这或许就解释了为什么在绕了这么奇怪的一大圈后,种族主义和排外情绪会在本应致力于宽容和自我实现的后工业社会重新出现。

---

〔1〕 与诺贝特·埃利亚斯一样,勒内·吉拉尔认为,放弃个人报复是文艺复兴时期发生的巨大转变之一。吉拉尔在对莎士比亚《哈姆雷特》的评论中分析道,主人公在复仇过程中表现出的“病态的”犹豫是这种态度转变在文学作品中的表达。“莎士比亚把一个典型的复仇故事变成了一次对厌恶复仇题材的剧作家艰难处境的思考。” 勒内·吉拉尔,《莎士比亚,渴望之火》(*Shakespeare, les feux de lenvie*),巴黎:格拉塞(Grasset)出版社,1990 年。

〔2〕 勒内·吉拉尔,《替罪羊》(*Le Bouc Émissaire*),巴黎:格拉塞(Grasset)出版社,1982 年。

第十六章　工作和自主的双重束缚

西方社会现在面临的道德和政治危机都要归因于变幻莫测的经济增长，且影响程度比我们看到的大得多。无论是通过找工作还是通过与同龄人做比较，个人努力成为受人尊敬的社会成员的行为是得到嘉奖还是惩罚，都取决于增长的强弱。增长充满活力时，社会的信任得到恢复；增长低于预期时，悲观态度再次占据上风。

本杰明·弗里德曼(Benjamin Friedman)通过分析他提出的“经济增长的道德后果”，考察了与经济环境相关的欧美主要政治浪潮。在美国，无论是1865～1880年、1895～1919年，还是第二次世界大战后的民权运动期间，主要的“进步”时期总是伴随着迅猛的增长。相反，经济危机却引发了平民主义运动的兴起(1880～1895)、三K党的(重占)统治地位(1920～1929)以及1973～1993危机时期内里根发起的保守革命。

政治与经济的这种正负相关性也有例外，虽然不多但却重要。其中最重要的当属于20世纪30年代大萧条时期制定的罗斯福新政以及1936年在法国深陷危机之时成功当选的人民阵线。这些例子表明，政治在经济活动中确实起到了一定的作用。罗斯福采取行动纠正了胡佛的错误，而人民阵线则暂停了皮埃尔·赖伐尔(Pierre Laval)的紧缩措施。罗斯福实施新政时，种族主义和反犹太主义正在死灰复燃。菲利普·罗斯(Philip Roth)的《反美阴谋》(*Plot against America*)就是一个(虽为虚构却)颇具可信度的证明。小说讲述了美国飞行英雄查尔斯·林德伯格(Charles Lindbergh)这位极右翼的领军人物(约翰·肯尼迪的父亲也是右翼分子)成功赢得总统竞选的故事。但(真实世界中)德国纳粹主义的崛起却给那些本将备受激励的美国人泼了一头冷水。

法国辉煌30年(1945～1975年)带来的巨大希望也体现了工业时代增长形成的机制的影响力。例如，20世纪50年代初第一批电视出现时，只有1%的人拥有电视。20年后，经理和工人的电视拥有率相同。同样，1959年高级经理成为有车一族，到了1970年他们拥有汽车的比例与农民持平。基于这些比较，我们通常用年数来计算农民或工人与高级经理之间的贫富差距。因此有人说，非特权阶级购买汽车的时间晚15年，冰箱晚9年，洗衣机晚7年。于是，一个即使地位保持不变但人人都可以梦想着赶上别人的社会奇迹被实现了。

这与“福特主义”有关。为了激励工人、减少流水线上的旷工和怠工，亨利·福特有了把工资翻倍这么一个令人吃惊的巧妙想法。他在自传中说，自那之后他赚的钱超过了以往任何时候。这预示着工业资本主义黄金时代的到来，一家公司既要生产又要分享财富。

随着福特模式的解体和工资增长的放缓，企业发明了一套新的员工激励制度：压力管理。菲利普·阿斯凯纳齐(Philippe Ashkenazy)在其颇具开创性的《现代增长》[1]一书中引用了法国工作条件改善国家机构(ANACT)的一份报告，并完美总结了这些新式管理技巧："卓越管理的实践(质量圈、工作委员会)将公司描绘为工薪阶层完成任务的场所。注重卓越性和个人表现、高要求岗位频繁轮岗等灵活工作形式的影响是破坏性的。到处充满了挫折、孤立、激烈对抗和竞争。"职业倦怠成为本世纪新出现的疾病。[2]

这一痛苦的重要组成部分源于另一种双重束缚。一方面工薪阶层被告知："要独立自主、积极主动"，但同时软件的使用催生了大量程序，阻止了真正的自主的出现。

弗洛伊德说，神经病患者是在寻求抵御世界外部事物的保护。根据社会学家阿兰·艾伦伯格(Alain Ehrenberg)的说法，[3]我们这个时代的精神疾病已不再是神经病，而是抑郁症，当个人为能否满足世界要求而焦虑时，便会产生抑郁。同抑郁症有关的"经济问题"是，它使人们更加低产。许多研究表明，抑郁症患者很难解决复杂的问题，甚至无法做日常计划。相反，精神状态好的人会成为更好的朋友、同事、邻居和公民。的确，幸福感能够促进合作、激发创造力。例如，如果一组孩子收到巧克力饼干，而另一组收到的是萝卜，那么在解决复杂问题时，第一组会表现得更加坚持不懈。一项研究估计，不幸福造成的生产力损

[1] 菲利普·阿斯凯纳齐，《现代增长》(*La Croissance Moderne*)，巴黎：Economica出版社，2002年。

[2] 有关最新分析，参见大卫·布兰法罗和安德鲁·奥斯瓦德的《国际幸福》(*International Happiness*)，马萨诸塞州剑桥：美国国家经济研究局，2011年。

[3] 阿兰·艾伦伯格，《做自己的疲惫》(*La fatigue d'être soi*)，巴黎：奥迪勒·雅各布出版社，1998年。

失高达10%。[1] 相反,一旦将企业的具体特征考虑进来,美国百大最佳雇主的回报率要远高于其他企业。

工作满意是生活愉悦的重要组成。当被问到期待从工作中获得什么时,60%的人的回答是工作保障,工作有趣紧随其后,排在第二位(50%),其次是工作自主(30%),工资排在最后(20%)。失业不仅意味着没有了收入,也意味着没有了社会地位、自尊及与他人生活的关联。那些在年轻的学生时代声称想要获取大量经济收入的人,20年后的满意度比其他受访者低。

即使在增长停滞的社会中,除了让工人忧心忡忡,也还是有其他办法来激励工薪阶层的。比如,可以让他们从事更具责任感、自主和自由的工作。[2] 丹麦模式是设法解决这一问题的社会典范。压力管理往往适得其反。《全球幸福指数报告》的调查表明,快乐的人更容易与同事或客户达成合作性均衡。[3] 拥有幸福感的人在设想自己的未来、分析复杂信息时表现得更加泰然自若,他们也表现出更强的自我控制能力。同样地,好奇心和认知灵活性也来自愉快的环境。

工作不仅仅是一种谋生方式。用英高赫的话来说,它也是一种自我实现的方式。古代遗留下来的旧有等级模式即将瓦解。如果只因缺乏(集体)想象力而错失这一历史时刻,那就太遗憾了。

---

〔1〕 这里借用了2014年《全球幸福指数报告》的结论。

〔2〕 勒让德,《西方人没有看到的西方》。

〔3〕 囚徒困境(prisoner's dilemma)是一种衡量人们合作能力的游戏,用于测试不同精神状态的人。结果表明,心情愉快的人达到合作性均衡的频率更高。

第十七章　社会的族内通婚

所有现代民主社会都面临着一个根本性的问题：尽管民主理想正在推动社会实现平等，但一个仍然处于极不平等的社会应当实行什么组织原则呢？在不平等现象日益严重的时代，这个问题已变得非常重要。托克维尔对此也一直十分关注，仔细思考着从等级社会向平等社会转变的问题。“当生命和财富的所有特权都遭到破坏时，当所有职业不向任何人设限时，当一个人能够靠自己的力量爬到任何一个职业的顶峰时，一个广阔轻松的事业便已敞开大门接纳人们的雄心壮志，人们总觉得自己注定会成就一番伟业。但这是一个错误的观点，人们的经验每天都在纠正这个错误……他们打破了一些同龄人拥有的妨碍他人的特权,然后面临着来自所有人的竞争。”[1]

工业社会通过保证每个人都有获得可再生产品的平等权利解决了矛盾,同时维持着一个生产层级组织,每个人在其中各司其职。而后工业社会必须找到其他的解决方案。后工业社会的关键特征之一是社会互动被大量消耗。现在,你住在哪里、你的孩子和谁去上学、你可以得到什么医疗服务,成为你工作的原因。人们仍在追求财富,但花费高的不再是电视机或洗衣机,而是可以提高你的人力资本的优秀医生或老师,是居住或休假的好地段。被看作物品的无限生产的工业增长当然还没有消失:人们只需要看看后工业社会产生的持续增长的垃圾和污染便再清楚不过了。但生产这些产品所需的时间及其社会价值正在迅速减少。“如何吃饱”这么一个自古有之的问题已经被一个更加古老的长期性问题“如何与他人共同生活”所取代。尽管狩猎采集社会很简单,但任务却很艰巨。每个人都想与最优秀、最聪明的人一起生活,而这是不可能的。

加里·贝克尔的选型交配理论很好地说明了其中的逻辑。贝克尔把寻找配偶看作一个市场,即婚姻市场。在他分析的模型中,高中的尖子生最终都和尖子生结婚,良好生都和良好生结婚,中等生和辍学生也分别如此。因为最有天赋的人总是和最有天赋的人在一起,现实中其他人就没有了选择。他们并不是出于自爱,而是默认地走向了留给他们的唯一市场:和自己一样的同类人。最富有和最有天赋的人的缺陷

---

[1] 亚历西斯·德·托克维尔,《论美国的民主》(*De la démocratie en Amérique*),巴黎:美第奇书店(Librairie de Medici)出版社,1951 年,第 2 卷。

对整个社会产生一个反弹效应。[1] 当然，如果没能在同级人群中找到适合自己的伴侣，几乎所有人都会找下一级的人结婚，但只是在默认的情况下。那么一批处在社会最底层的被留下的人便别无选择，只能在同级的人中寻找。

“匹配模型”的专家埃尔文·罗斯(Alvin Roth)指出，市场模型的基础是每一种可(无限)再生商品有一个价格。但他补充说，这种模式是例外而非规则，至少对重要的决定而言如此。无论是婚姻、住房、孩子们上的学校，还是工作，你都会做出一两个选择，往往不会太多，并且他们会影响你的一生。[2]

正如贝克尔模型所展示的，信息和通信技术会构成一个陷阱。人们总认为信息和通信技术能够改善匹配，创造一个公平竞争的环境：一个开放的、可通达的世界，每个人都可以不加区别或歧视地、自由地与他人沟通。结果可能会强化“选择性婚配”。但经济地理学方面的经济学家早已发现，运输成本的降低并没有让世界的摩擦消失。相反，它重新定义了一种完全不平等的新地理布局。举一个很小的例子。电梯发明之前，富人住在二楼，穷人住在顶楼。富人和穷人会在楼梯上相遇，即使他们从不交谈，他们的孩子有时却会上同一所学校。随着电梯的普及，一幢建筑要么住着富人要么住着穷人，却永远不会同时住着富人和穷人。富人和穷人生活在不同的社区，城市的各个阶层不再相互交融。

---

〔1〕 埃德蒙·佩特塞耶(Edmond Préteceille)在一项对法国社会地理和社会隔离的研究中证实，城市隔离主要是上层阶级造成的。参见他的“不平等、居住地和社会隔离汇编，法国社会及其断裂”(Registres de linégalité, lieu de résidence et ségégation sociale. La société française et ses fractures)，《法国手册》(*Cahiers français*)第 314 期(2003 年 4 月—6 月)：64—70 页。

〔2〕 埃尔文·罗斯因提出他称之为“令人厌恶的”交易，如(肾脏)器官捐赠，获得了 2012 年诺贝尔经济学奖。

世界各地形成了一系列彼此不再交流的封闭世界。[1] 雅克·东泽洛(Jacques Donzelot)告诉我们限制性社区(通常称为封闭式社区)是如何在美国建立起来的:富人建了自己的聚居区然后不与外界交往。埃里克·莫林(Éric Maurin)仔细分析了法国社会阶层的同族群聚现象。[2] 他将富裕家庭定义为社会顶层10%的群体(净收入约为每月3 500欧元)。他研究了法国国家统计和经济研究所(Insee)给出的4 000个社区中富裕家庭的出现率,描绘了法国地理的网格图。莫林得到的答案令人惊叹:有一半的法国人从未在他们的社区中遇到过富人。这一数字是随机分布预期结果的两倍。那些持有高等学位的人的分布更加不平等。[3]

直到最近,工人、领班、工程师和雇主之间才建立起了关系,尽管有时这种关系是对立的。这让每个群体都能在一个共同的工业世界中评估自己的位置。现在工程师可以在咨询公司工作,维修工人可以为服务型企业效力,工业部门的工作被外包、机械化或重新安置。工厂正在变成一个空场地:工作在别处完成,人们不再在这里见面。

理查德·弗里曼(Richard Freeman)等作者分析了美国的劳动力市场,研究了生产领域的匹配逻辑。根据这项研究,几乎所有在美国看

---

〔1〕 互联网的族内通婚以知识的形式呈现:鉴于信息如此庞杂,每个人都会寻找和发现能够证实自己想法的信息。心理学家称之为"证实性偏见"(confirmation bias)。

〔2〕 雅克·东泽洛(Jacques Donzelot),《创造社会:美国和法国的城市政治》(*Faire société: La politique de la ville aux États-Unis et en France*)[巴黎:瑟伊出版社,2003年]和埃里克·莫林(Éric Maurin),《法国的贫民窟》(*Le ghetto français*)[巴黎:瑟伊出版社,2005年]。

〔3〕 住宅不平等成为一个越来越持久的现象:获取公共财产,特别是获取教育的渠道,越来越被分隔开来。桑德拉·布莱克(Sandra Black)在研究学区对美国住房价格的影响后得出结论:"总之,搬到最好的公立小学周边与送孩子到最好的私立学校的费用相差无几。"

到的不平等现象都可以通过工作单位提供了不平等的(平均)工资来解释。[1](仅仅)15%的不平等现象可以通过年龄、性别、教育程度等“观察得到的差异”来解释。大部分的不平等存在于工人差异的“隐藏部分”。几乎所有差异都与工人所在的公司有关。沃尔玛员工的收入低于具有同等技能的卡地亚(Cartier)员工。理论上这是不可能的:每个人都应该根据自己的优点得到补偿,如果需要的话,雇主有责任从工资更低的竞争对手处挖人。但实际不是如此。工人的职业轨迹很快就成为一种命运,他们事业的任何不光彩之处都是无法弥补的,即使是在自认为没有偏见的美国。弗里曼得出的结论让人幡然醒悟,基于每个人的优点来支付报酬的市场力量,其实远不如匹配逻辑有影响力。

如果呆在同类人之中是一种后现代社会的生活方式,它应该有一个优点,即减轻与其他人竞争和比较的负担。作为对伊斯特林悖论最核心的解释,“邻里效应”(neighborhood effect)如果越来越弱,社会理应更加和平。美国早已是一个非常不平等的社会,但如果美国人同周围邻居们挣得一样,他们可能并不会注意到任何的不平等。事情却并非预想的这样。由于只有那些相似的人才可以生活在一起,其他可能性被排除,因此相似性变成了诅咒和监狱,让那些还梦想着不断向前、向上迈进的人深受其害,产生社会幽闭恐惧症。

正如托克维尔和吉拉尔所解释的,一个“兄弟型”的社会会引发竞争和嫉妒。但有些国家就比其他国家做得好。例如,加拿大就没有出

---

[1] 理查德·弗里曼、埃尔林·巴斯(Erling Barth)、亚历克斯·布莱森(Alex Bryson)和詹姆斯·戴维斯(James Davis),“这是你工作的地方:美国企业和个人收入分布范围的扩大”(It Is Where You Work: Increases in Earnings Dispersion across Establishments and Individuals in the U. S.),美国国家经济研究局,工作文件 No. 20447(2014年),http://www.nber.org/papers/w20447。

现类似鲁特莫有关邻里对幸福感的负面影响的调查结果。只要人们能够保持共同命运的承诺,嫉妒是可以平息的。我们勇敢的后工业世界的任务就是:履行工业革命之前设想的新启蒙时代的承诺,当时的进步就是指缔造正确的社会契约。

结　语

人类历史似乎面临着无法克服的挑战和矛盾。人类第一次征服地球之时,随着人类自己也无法理解的人口压力的推动,世界末日变得“不可避免”。正如我们所知,2026 年 11 月 13 日会是最后的审判日,那时人口将增长到填满各大洲。整个地球很可能会像古代美索不达米亚、复活节岛、玛雅文化和维京文化等人类文明一样,毁于自身也无法控制的环境危机。

一次翻天覆地的变化让人类得以幸免于难——人口过渡,尽管没有人曾预料到它的发生。人口过渡令人类生育率突然降低。于是,一个新的时代开始了,经济学家加里·贝克尔把它称为以量为主的生育到以质为主的生育的过渡。

然而,就像农业社会渴求食物中的卡路里那样,现代社会仍然保持着对财富的渴求。现代人总想着变得更加富有,好比一个人走向永远走不到的地平线。然而他们并不了解,财富一旦获得就变成了常态,这时人们就又想要脱离这种常态。人们为什么总想不断地摆脱现有的状况呢?这是一个令人费解的问题。精神分析学家、人类学家和经济学家都试图用自己的方式给出一个一致的答案。他们的基本观点可概括为:人的欲望具有极大的可塑性,受到所在社会环境的影响。因此欲望变得永不知足、无穷无尽。

这种可塑性既是祸根也是机会。事实上,一旦欲望找到了出口,也就没什么不同了,只要它可以让人类提升自我并扮演好自己的社会角色。但要想让人类欲望与保护地球不相矛盾,就必须开展一场类似人口过渡的新过渡,即从量到质的过渡。历史上,人们的态度也发生多次改变,但没有一次是通过颁布法令实现的。当个人愿望和社会需求朝着同一目标靠拢时,人们的态度才会发生改变。现在,我们已经到了改变的时刻。

环境风险创造了一个共同命运体。像塞缪尔·亨廷顿(Samuel P. Huntington)一样赞成文明冲突言论的人似乎并不知道,在历史进程中,文化是通过相互借鉴才不断地丰富起来的。本杰明·弗里德曼对全球幸福感调查的结果进行了分析,并做了重要的观察。20 世纪 60 年代,古巴、美国和尼日利亚的幸福感处于同一水平,与相对收入水平无关。目前全球幸福感调查显示,各国的排名方式与每个国家中个人的排名方式相同:最富有的人最幸福,因为他们处在比较等级中的最高级。根据弗里德曼的说法,最有可能的解释是,过去人们只与周围邻居进行比较,而现在他们会在电视或距离很远的社区中找到榜样,并通过互联网取得联系。这是一个坏消息,因为模仿的需求增加了二氧化碳排放飙升的风险。但这也证明了,人类现在能够以全球视野考虑自己的社会关系。

仅靠环境灾难的威胁是无法把不同国家的人都动员起来的。法国社会学家埃德加·莫兰(Edgar Morin)在《道》[1]这本书中总结了他称之为“文明的政治”(politics of civilization)的风险:“一个社会只有在团

---

[1] 埃德加·莫兰,《道》(*La voie*),巴黎:法亚尔出版社,2011 年。

结度上取得进展，才能在复杂性上——即自由、自主和社群——取得进步。文明政策必须旨在恢复各国间的团结、增添城市人情味、重振乡村活力。”

我们必须投资建立一个新的城市文明，消除贫民窟并尽可能减少社会的族内通婚。建筑师告诉我们，紧凑型城市一旦有了资源就可以成为一座绿色城市。[1] 一些评估学生情绪的测试也已完成：从宿舍走到教室，有的学生需要穿过漫长迂回的林间小路，有的走的是更简单的大学地下快速通道，以此对比学生的情绪。走林间小路的学生明显拥有更高的满意度，尽管他们的路途花费了更长的时间，这一差别让操作实验的人也感到惊讶万分。其他测试结果也很类似。医院里住在看得到花园的房间的病人治愈率高于其他房间。对大自然的需求仍然深深烙刻在我们文明世界的最核心。

西方文明可以因自己拥有批判性思想、民主原则、男女和儿童各自的权利这些做得最好的方面感到自豪。传统社会维持着身处自然界和社群纽带的归属感，这种感受即使在引进西方社会做得最好的方面时也应当保持，它也是西方社会必须重塑的态度。

依照莫兰的结论：“政治思想的再生必须建立在人类的三重概念之上：作为个人的人类、作为社会的人类和作为物种的人类。”其中，每个阶段对其他阶段而言都是必不可少的：一个人如果之前没有在其生活、工作和产生欲望的社会中找到共同群体的归属感，是不可能认为自己代表了这个受保护的物种的。这对 21 世纪的我们来说是一个很好的规划，就好像第一批狩猎采集社会的人做出跨越大洋这个明智的决定那样。

---

〔1〕 奥利维尔·蒙甘(Olivier Mongin)，《流动的城市》(*La ville des flux*)，巴黎：法亚尔出版社，2013 年。